少年读诸子百家

少年读鬼谷子

李　楠　主编

民主与建设出版社

·北京·

© 民主与建设出版社，2020

图书在版编目（CIP）数据

少年读鬼谷子 / 李楠主编 . -- 北京：民主与建设
出版社，2020.7
（少年读诸子百家；4）
ISBN 978-7-5139-3074-1

Ⅰ.①少… Ⅱ.①李… Ⅲ.①纵横家②《鬼谷子》—
少年读物 Ⅳ.① B228-49

中国版本图书馆 CIP 数据核字（2020）第 101691 号

少年读鬼谷子
SHAONIAN DU GUIGU ZI

主　　编　宋立涛
责任编辑　刘树民
总 策 划　李建华
封面设计　黄　辉
出版发行　民主与建设出版社有限责任公司
电　　话　（010）59417747　59419778
社　　址　北京市海淀区西三环中路 10 号望海楼 E 座 7 层
邮　　编　100142
印　　刷　三河市燕春印务有限公司
版　　次　2020 年 8 月第 1 版
印　　次　2020 年 8 月第 1 次印刷
开　　本　850mm×1168mm　1/32
印　　张　5 印张
字　　数　97 千字
书　　号　ISBN 978-7-5139-3074-1
定　　价　198.00 元（全六册）

注：如有印、装质量问题，请与出版社联系。

　　《鬼谷子》又名《捭阖策》，战国著名道家、纵横家鼻祖鬼谷子王诩的著作。据传是由鬼谷子后学者根据其言论整理而成。该书侧重于权谋策略及言谈辩论技巧。

　　鬼谷子（生卒年不详），姓王名诩，又名王禅，春秋时卫国朝歌人是春秋战国之际纵横家的代表人物，先秦诸子之一。因为他经常进入云梦山中采药，修练道术，隐居在清溪之鬼谷，所以世人称他为"鬼谷子"。相传，苏秦与张仪都是鬼谷子的弟子，大军事家孙膑与庞涓亦同出于鬼谷子的门下。

　　《鬼谷子》一书主要内容是一部研究社会政治斗争谋略权术的书，它的中心思想就是指导纵横家如何通过权谋策略及言谈辩论等技巧，实现既定的目标。《鬼谷子》亦是先秦时期以纵横思想为主的纵横家、兵家、道家、阴阳家、法家思想的集大成者，它与各家既有共同性，又有自己创特殊性。

　　《鬼谷子》是研究先秦诸子文学有重要的史料价值，通篇行文风格简要精炼，讲究论说技巧，观点鲜明，讲理步步递进，让人由简入繁，体味到书中的哲理精华；条条分明，清晰了然，使人能多角度去直观地理解书中所蕴含的道理。

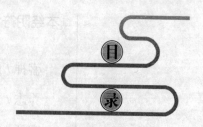

目录

捭阖①

原文

粤②若③稽④古，圣人之在天地间也，为众生之先。观阴阳⑤之开阖以命⑥物，知存亡之门户⑦；筹策⑧万类之始终，达人心之理；见变化之朕⑨焉，而守司⑩其门户。故圣人之在天下也，自古及今，其道一也。

注释

①捭：开。如打开心扉、积极行动、采纳良言、任用贤才皆可谓之捭。阖：闭。如封闭心扉、采取守势、拒绝外物、排斥人才皆可谓之阖。

②粤：句首语助词。

③若：顺。

④稽：考察。

⑤阴阳：指宇宙万物相反相成的两个方

面，如昼夜、明暗、君臣、男女、积极和消极、开放和封闭等。

⑥命：辨别。

⑦门户：这里是途径、关键的意思。

⑧筹策：推算和预测。

⑨朕：事物发展变化的征兆。

⑩司：《四部丛刊》本陶弘景注（以下简称"陶注"）："司，主守也。"可以解释为把握。

译文

考察远古的历史可知，圣人之所以生存在世界上，就是要成为芸芸众生的先导。通过观察阴阳、分合等现象的变化来对事物进行辨别，并进一步了解和掌握事物存亡的途径；推算和预测事物的发展过程，通晓人们心理变化的规律；及时发现事物发展变化的征兆，从而把握和利用事物发展变化的关键。所以圣人生存在世界上，自古至今，其立身处世之道是始终如一的。

原文

变化无穷，各有所归。或阴或阳，或柔或刚，或开或闭，或弛或张。是故圣人一守司其门户，审察其所先后；度权量能①，校②其伎巧③短长。夫贤不肖、智愚、勇怯、仁义有差，乃可捭，乃可阖；乃可进，乃可退；乃可贱，乃可贵，无为以牧④之。审定有无与其虚实，随其嗜欲以见其志意。微排其所言而捭反

之，以求其实。实得其指⑤，阖而捭之，以求其利⑥。或开而示
之，或阖而闭之。开而示之者，同其情也；阖而闭之者，异其诚
也。可与不可，明审其计谋，以原⑦其同异。离合⑧有守⑨，先从
其志。

捭
阖

注释

①度权量能：度和量都是动词，测度、比较的意思。权，指智
谋。度权量能即测度和比较其智谋和能力的优劣。

②校：考校。

③伎巧：即技巧。

④牧：控制，掌握。

⑤指：同"旨"，旨意，意图。

⑥求其利：意思是了解对方所说的是否于己有利。

⑦原：追源，考察。

⑧离合：指彼此计谋的乖离或契合。

⑨守：执守。

译文

万事万物的发展变化是无穷无尽的，然而最终都有其各自的归
属：有的属阴，有的属阳；有的柔弱，有的刚强；有的开放，有的
封闭；有的松弛，有的紧张。因此，圣人要始终把握事物发展变化
的关键，审慎地考察何事当先，何事当后；任用人才要度量其智谋

和能力的优劣，考校其技巧才艺的短长。至于人们的贤良与不肖，聪明与愚蠢，勇敢与怯懦以及仁义诸方面，都是有差别的，因而对待各色人等的态度和方法也就彼此不同，可以迎为上宾，也可以拒之门外；可以引进重用，也可以废黜斥退；可以使其卑贱，也可以使其尊贵，遵循无为而治的原则加以控驭和掌握。鉴别和选择贤才的方法，必须考察其才能的有无大小，性格品行的虚实优劣；放任其随个人嗜好和欲望行事，以发现其意趣和志向。适当地贬抑或置疑对方的言论，以便刺激他敞开议论；然后再反驳和诘难，从而求得事情的原委，摸清其真实意图。随后，自己闭口不言以挑动对方畅所欲言，以便了解对方所说是否于己有利。全面把握了真实情况后，或者向对方敞开心扉，或者封闭心扉，不露心迹。敞开心扉，是因为双方的意愿相同；不露心迹，是因为双方的意愿相悖。确定计谋的可行与否，应该审慎地对计谋的不同方案进行仔细研究，从而搞清彼此的异同优劣。彼此的计谋或相乖离，或相契合，如果都有其合理性和可行性，应该首先采纳对方的计谋。

原　文

即欲捭之贵周，即欲阖之贵密。周密之贵微，而与道相追①。捭之者，料其情②也；阖之者，结其诚③也。皆见其权衡轻重，乃为之度数④，圣人因而为之虑。其不中权衡度数⑤，圣人因而自为之虑。故捭者，或捭而出之，或捭而内⑥之；阖者，或阖而取之，或阖而去之。捭阖者，天地之道。捭阖者，以变动阴阳，四时开闭⑦，以化⑧万物。纵横⑨、反出、反覆、反忤必由此矣。捭阖者，道之大化。说之变也，必豫⑩审其变化。

注　释

①追：追随，这里指与道相合。

②料其情：了解和考察真实的情况。料，考察，了解。

③结其诚：即坚定和约束对方的诚心。结，陶注："结为系束。"系束，即约束。

④为之度数：测量重量和长度的数值，即作出测度和分析。

⑤不中权衡度数：即有失轻重之理，不合度量之数。中，动词，符合，适合。

⑥内：同"纳"，收纳。这里指把别人的建议纳入脑中而深藏起来。

⑦四时开闭：开，即开始；闭，即结束。四时开闭即四季更替。

⑧化：化育。这里是使动用法，使万物化育、社会进步。

⑨纵横：指事物的自然变化。

⑩豫：事先，预先。

译　文

如果想要畅所欲言，阐明自己的见解，贵在严密周详；如果想要不露心迹，隐藏自己的观点，贵在深藏不露、严守机密，这样方可谨慎地遵循客观规律的要求。之所以要畅所欲言，是为了全面了解和考察真实的情况；之所以闭口不谈，是为了坚定和约束对方的诚心。所有这些做法，都是为了权衡得失利害、轻重缓

急，从而作出测度和分析，圣人根据这些分析，进一步谋划行动的方略。如果这些分析建议有失轻重之理、不合度量之数，那么圣人也只好舍弃不用，自筹良策了。因此，所谓开放，或者是把自己的建议推出而实施，或者是把别人的建议纳入脑中而深藏起来；所谓封闭，或者是采纳别人的建议并付诸实施，或者是拒绝采纳而弃置不用。开放和封闭是天地间万事万物发展变化的基本形式。开放和封闭导致了阴阳对立统一运动、春夏秋冬四季交替，从而使得万物化育、社会进步。事物的自然变化，或离开，或返回，或翻覆，或忤逆，都是由开放和封闭这种基本的运动形式所决定的。开放和封闭的矛盾运动，是大自然的造化、万事万物运行的规律。而就言语应对而言，也存在这样的变化，所以必须事先审慎地考察其间的不同变化。

原文

口者，心之门户也；心者，神之主①也。志意、喜欲、思虑、智谋，此皆由门户出入，故关之以捭阖，制之以出入。捭之者，开也，言也，阳也；阖之者，闭也，默也，阴也。阴阳其和，始

少年读鬼谷子

终其义。故言长生、安乐、富贵、尊荣、显名、爱好、财利、得意、喜欲为阳，为始。故言死亡、忧患、贫贱、苦辱、弃损、亡利、失意、有害、刑戮、诛罚为阴，为终。诸言法②阳之类者，皆曰始，言善以始其事；诸言法阴之类者，皆曰终，言恶以终其谋。

注释

①主：主宰。

②法：效法，这里是遵循的意思。

译文

口是人们心灵的门户，而心灵则是人们精神的主宰。一个人的意志、喜好、思虑、智谋都要通过这个门户出入，加以表现。因此，要通过开放和封闭来把守关口，控制出入。所谓"捭之"，就是开放、言语、阳气（公开）；所谓"阖之"，就是封闭、沉默、阴气（隐匿）。阴阳二气相中和、相协调，那么开放和封闭就有节度，有始有终，各得其宜。所以说长生、安乐、富贵、尊荣、显名、爱好、财利、得意、喜欲等，都属于阳，叫做开始；而死亡、忧患、贫贱、羞辱、弃损、亡利、失意、灾害、刑戮、诛罚等，都属于阴，叫做终结。凡是遵循阳道进行游说的人，其谈论的均属于"开始"的内容，也就是通过论证有利的方面以使自己的建议得到采纳，进而付诸实践；凡是遵循阴道进行游说的人，其谈论的都属于"终结"的内容，也就是通过论证有害的方面来终止某种计谋方略的实施。

原文

摔阖之道，以阴阳试①之，故与阳言者依崇高，与阴言者依卑小②。以下求小，以高求大③。由此言之，无所不出，无所不入，无所不可。可以说人，可以说家，可以说国，可以说天下。为小无内，为大无外④。益损、去就、倍反⑤，皆以阴阳御其事。阳动而行，阴止而藏；阳动而出，阴隐而入。阳还终阴，阴极反阳。以阳动者，德相生也；以阴静者，形相成也。以阳求阴，苞以德也；以阴结阳，施以力也；阴阳相求，由摔阖也。此天地阴阳之道，而说人之法也，为万事之先，是谓圆方⑥之门户。

注释

①试：这里指实验、实施。

②与阳言者依崇高，与阴言者依卑小：陶注："与情阳者，言高以引之；与情阴者，言卑以引之。"意思是说，同富有阳刚之气的人谈论，适合用崇高的语言来引导他；与富有阴柔之气的人谈论，适合用卑下的语言引导他。

③以下求小，以高求大：陶注："阴言卑小，故曰以下求小；阳言崇高，故曰以高求大。"这句话的意思，以低下求取卑小，以崇高求取博大。

④为小无内，为大无外：意思是，表现小，可以小到不能再小；表现大，可以大到不可再大。

⑤倍反：倍，同"背"，背叛。反，复归。

⑥圆方：古人认为天圆地方，因此圆方在这里指天地。

运用开放和封闭的方法，需要从阴阳两方面来实验和实施。因此，同富有阳刚之气的人谈论，适合用崇高的语言来引导他；与富有阴柔之气的人谈论，适合用卑下的语言引导他。这样以低下求取卑小，以崇高求取博大。由此看来，就可以随心所欲，出入由己，没有办不成的事情。用这样的方法去游说，可以说服一个人，可以说服一个家族，可以说服一个封国，可以说服整个天下。表现小，可以小到不能再小；表现大，可以大到不可再大。损害和裨益、离去和接近、背叛和复归，这些复杂的情形，都需要运用阴阳两种手段加以驾驭和控制。面对阳势（有利的形势），就要积极运动前进；面对阴势（不利的形势），就要停止行动而隐藏。面对阳势，就要主动出击；面对阴势，就要退避隐藏。阳势运动发展的终点是阴势，阴势运动发展的极致则是阳势。乘阳势而动的人，上下左右道德意志相生相长；乘阴势而静的人，上下左右形势相辅相成。以阳势而求助于阴势，需要用恩德相感召；以阴势而求助于阳势，则需要竭力尽智，以诚感人。阴势和阳势相互求助，遵循的正是开放与封闭的法则。这是天地万物阴阳变化的规律，同时也是游说所应遵循的基本法则。开放与封闭是万事万物生长变化的基本前提，也就是所谓的天地之门户。

解读

"捭阖"为《鬼谷子》的开篇，它在《鬼谷子》一书中被赋予了丰富的含义，但是基本含义还是指纵横驰骋，大开大合。鬼谷子认为，一开一合是事物发展变化的普遍规律，认识它是掌握事物的关键，也是游说活动中的行为法度。所以，它也是进行游说活动的最基本的和最常用的方法。

"捭阖"的本义是"开合"。捭，本意为分开、撕裂，这里引申为开启。所谓"开"，就是指引导对方发言，进而了解对方的基本情况，如他的意志、才能、嗜好、情趣等，以便探测对方的真实意图。阖，本意为门扇，这里引申为关闭。所谓"合"，就是指隐藏自己的主见，沉默不言，以便观察实情，沉着应对。

其实，捭阖术就是告诉人们：在发现问题、分析问题、处理问题、解决问题时，应该多方面、多角度进行分析和思考，要考虑周详，同时严守机密，懂得灵活多变，不拘一格，把事物的正反两个方面都分析透彻，以便找出解决之道。

《鬼谷子》一书的"捭阖术"在中国传统智慧中是独有的，它是纵横家们在斗智及论辩中最行之有效的一术。在外交活动中，纵横家往往在充分估计对方的基本情况后，就千方百计使对方"开"，这是为了进一步了解对方的实情，而"闭"则是坚定对方的诚意。一捭一阖的目的是为了让对方把意图和计谋全部暴露出来，再根据不断探测，实施说服。说服时也是或者捭之，或者阖之，有时需要沉默，因为说之必失，因而要阖；有时必须开启言路，用讲道理去游说人，游说家、游说国、游说天下。捭阖两者必须密切配合，不能顾此失彼。一开一合的反复，就像一个圆环，开合环绕其上，开到了极点又复归于合，合到了极点又复归于开。如此往复无穷地运用，就一定会成功。

在历史的进程中，大开大合也是常有的现象。所谓"捭阖者，天地之道也。"历史的巨变也常在开合中进行着。

总之，开合谋略随着历史的发展不断变化形式，它将更有利我们民族的发展、国家的兴旺。当然，捭阖之术除了用于错综复杂的国际政治斗争中，在生活、社交、职场、从商中也很有用处。

反 应

原 文

古之大化者①，乃与无形②俱生。反以观往，复以验来③；反以知④古，复以知今；反以知彼，复以知己。动静虚实之理，不合于今，反古而求之⑤。事有反而得复者⑥，圣人之意也，不可不察。

注 释

①大化者：指能以大道化育万物的人。化，化育。

②无形：陶注："无形者道也。"无形指无形的自然之道，即自然规律。

③反以观往，复以验来：回首以观察既往的历史，然后再据以向前去验证未来。

④知：了解的意思。

⑤反古而求之：追溯既往的历史以寻求答案。

⑥事有反而得复者：事情往往有反求于远古而得到成功的启示的。反，指反求于远古。

译 文

古代能以大道化育万物的圣人，是与无形的自然之道（自然规律）共生的。回首以观察既往的历史，然后再据以向前去验证未来；回首以了解历史，然后再据以了解当今；回首以认识他人，然后再据以认识自己。动静、虚实的道理，如果与今天的现实不符，就追溯到既往的历史中去寻找答案。事情往往有反求于远古而得到成功的启示的，这便是圣人的方法，不可不认真地加以考察。

原 文

人言者，动也；己默者，静也。因①其言，听其辞。言有不合者，反而求之，其应②必出。言有象③，事有比④，其有象比，以观其次⑤。象者象其事，比者比其辞也。以无形求有声。其钓语⑥合事，得人实也。其张罝⑦网而取兽也，多张其会⑧而司⑨之。道合其事，彼自出之，此钓人之网也。常持其网驱之。其言无比，乃为之变，以象动之，以报其心，见其情，随而牧⑩之。已反往，彼复来⑪，言有象比，因而定基。重之袭⑫之，反之复之，万事不失其辞⑬。圣人所诱愚智，事皆不疑。

注 释

①因：介词，依靠，根据。

②应：指对应之词。

③象：形象。这里指语言可以模拟的形象。

④比：类比。这里指事物类比的规范。

⑤次：这里指对方下一步的言行。

⑥钓语：指在诱导下说出的言辞。

⑦罝：捕兽的网。《尔雅·释器》："兔罟谓之罝。"

⑧会：会合，这里指汇集。

⑨司：同"伺"，等待的意思。

⑩牧：控制，控驭。

⑪己反往，彼复来：我们向对方的言辞提出反诘，对方作出相应的回复。

⑫袭：重复。

⑬不失其辞：不会因语言失实而招致失败。

译文

　　别人说话，是动态；自己沉默，是静态。要根据别人的言谈，来听和分析出其辞意。如果其言辞有矛盾和不合事理之处，可以反过来诘难他，那么对方必定会有对应之辞。语言有其可以模拟的形象，事物有其可以类比的规范；既然语言有可以模拟的形象，事物有可以类比的规范，就可以从中预见其下一步的言行。所谓"象"，就是模拟事物；所谓"比"，就是类比言辞。要把无形的道理用有声的语言表达出来。诱导别人说出的言辞，如果与事实相一致，也就可以得知对方的实情。这就如同张开网诱捕野兽一样，要多张几张网，汇集在一起，等待野兽落入。如果方法得当，对方就会自投罗网，这就是钓人的网。经常张开钓人的网去追逐对方，如果对方言辞不再有平常的规范，这时就需要改变钓人的方法，要以形象的事物去激发、打动他的感情，这样就可能使对方披露实情，从而根据对方的实际情况控驭他。我们向对方的言辞提出反诘，对方做出相应的回复，这样就有了模拟和类比，据此便有了一定的基础。再经过反复详审，抛弃妄谬的成分，那么任何事物就不会因语言失实而招致失败。圣人以此诱导智愚众人，诸事遂顺，无可置疑。

原 文

故善反听①者，乃变鬼神②以得其情。其变当也，而牧之审也。牧之不审，得情不明；得情不明，定基不审。变象比，必有反辞③，以还听之④。欲闻其声反默，欲张反敛，欲高反下，欲取反与。欲开情⑤者，象而比之，以牧其辞，同声相呼，实理同归。或因此，或因彼，或以事⑥上，或以牧下。此听真伪、知同异，得其情诈也。动作言默，与此出入⑦，喜怒由此以见其式，皆以先定⑧为之法则。以反求复，观其所托⑨。故用此者，己欲平静，以听其辞，察其事，论万物，别雌雄。虽非其事，见微知类⑩。若探入而居其内，量其能射⑪其意也。符应不失⑫，如螣蛇之所指⑬，若羿之引矢⑭。

注 释

①反听：指从反面听取他人的言论。

②变鬼神：这里指用鬼神般变幻莫测的方法。

③反辞：指问难的言辞。

④以还听之：陶注："令其先说，我乃还静以听之。"意思是平静地听取对方讲下去，以观察其真实情况和意图。

⑤开情：意思是让对方敞开情怀，吐露真言。

⑥事：侍奉。

⑦与此出入：要根据所掌握的情况作出反应。

⑧先定：事先掌握的情况。

⑨托：寄托，指对方心理情感的寄托。

⑩虽非其事，见微知类：即使所谈的内容不切实际，但是仍可以从微小的征兆中探知同类的大事。虽，即使。微，微小，这里指细微的征兆。类，种类，这里指同类的大事。

⑪射：猜度。

⑫符应不失：用这种方法所得到的情况，就会像符契一样切合不误。

⑬如螣蛇之所指：像螣蛇所指一样祸福不爽。螣蛇，传说中的一种神蛇，能兴云作雾。六朝术士用青龙、白虎、朱雀、玄武、螣蛇、勾陈六神以占算，

谓螣蛇所指，福祸不差。

⑭若羿之引矢：像后羿射箭一样准确不差。羿，即后羿，古代传说中夏代有穷国的君主，善于射箭。

译文

所以善于从反面听取他人言论的人，能用鬼神般变幻莫测的方法诱得他人的实情。谈话的方式随机应变而且得当，就可以周详而有效地控驭对方，从而明察其言语。如果控驭不周详，不能明察其言语，那么得到的情况就不明确；得到的情况不明确，据以制定决策的基础也就不坚实、不周密。如果我们改变了事物的模拟和事理的类比，那么对方必定随之有问难的言辞，这样我们就平静地听取对方讲下去，以观察其真实情况和意图。所以要想倾听别人的言论，自己就得先沉默；要想敞开和伸张，反而需要先收敛；要想居高，反而需要先居下；要想获取，反而需要先给予。如果想让对方敞开情怀，吐露真言，就要先用形象的模拟和比喻去诱导他，以便把握对方的言辞，这样同声相应，真情实理就会归我掌握。对方所谈的事情，有的因此而发端，有的因彼而产生，有的宜于侍奉君上，有的适宜统御臣下。根据这些不同的情况，就可辨别真伪，比较异同，得到真实或者伪诈的情形。我方的行动、运作、言语、沉默，都要根据所掌握的情况作出反应，欢喜与愤怒的方式和程度应据此作出决定。总之，行动、运作、言语、沉默、欢喜、愤怒都应该根据事先掌握的情况来确定法度。用主动试探的方法求得对方的反应或答复，借以观察对方心理情感的寄托。知人的关键在于了解其内心的情感，所以要选用这样的方法。听取他人讲话的法则是，

17

自己先要平静，才能听进他人的言辞，据以分析事情的原委，论说万物的道理，辨别动物的雌雄。即使所谈的内容不切实际，但是仍可以从微小的征兆中探知同类的大事。这就好比探知他人的情况而深入其内部一样，通过分析他的能力，进一步探测其行动意图。用这种方法所得到的情况，就会像符契一样切合不误，像腾蛇所指一样祸福不爽，像后羿射箭一样准确不差。

原文

故知之始己，自知而后知人也。其相知也，若比目之鱼①。其伺②言也，若声之与响；其见形也，若光之与影也。其察言也不失，若磁石之取针，如舌之取燔骨③。其与人也微，其见情也疾④。如阴与阳，如阳与阴；如圆与方，如方与圆。未见形圆以道之⑤，既见形方以事之⑥。进退左右，以是司之⑦。己不先定，牧人不正。事用不巧⑧，是谓忘情失道⑨。己审先定以牧人，策而无形容⑩，莫见其门，是谓天神。

注释

①其相知也，若比目之鱼：意思是对人的相互了解，如同相并而行的比目鱼的两目一般，彼此明晰可见。按：古人谓比目鱼相并而行。

②伺：探察。

③燔骨：煮熟的骨汁。

④见情也疾：洞悉对方的情况非常迅速。疾，迅速。

⑤圆以道之：用圆融的道理诱导对方。道，通"导"，引导，诱导。

⑥方以事之：用方正的道理去控驭对方。

⑦进退左右，以是司之：用人之道，不论升迁、黜退、贬左、崇右都应该用圆与方的道理进行操作。进，升迁。退，黜退。左，贬左。右，崇右。是，这，代词，这里指代圆与方的道理。司，掌握。

⑧事用不巧：如果做事不掌握法则技巧。巧，技巧。

⑨忘情失道：丧失人伦真情和成功之道。

⑩策而无形容：于无形之中驱策众人达于成功。策，驱策。

译 文

所以认识别人要从认识自己开始，只有先认识自己，然后才能认识他人。对人的相互了解，如同相并而行的比目鱼的两目一般，彼此明晰可见；掌握对方的言辞，就如同声音和回响一样相符；观察对方的外形，就好比光和影子一样不走样；分析对方的言论，就如同磁石吸针一样没有差失，如同舌头吸取骨汁一样得心应手。自己暴露给对方的微乎其微，而洞悉对方却非常迅速，就如同阴与阳、阳与阴、方与圆、圆与方一样，运用自如，相辅相成。在对方的基本情况尚未暴露之前，就应该用圆融的道理诱导他；基本情况明朗之后，就应该用方正的道理去控驭他。用人之道，不论升迁、黜退、贬左、崇右都应该用圆与方的道理进行操作。如果不首先确定方圆进退的策略，那么统帅下属也就无法公正有序。如果做事不掌握法则技巧，这就叫做"忘情失道"（丧失人伦真情和成功之道）。自己首先确定周密的行动方略，据此以控驭自己的下属，就能于无形之中驱策众人达于成功，而下属尚不知其门道所在，这才可以称为"天神"。

解　读

　　反，指反复试探；应，指对方回应。本篇阐释了一种反观、复验的方法技巧。在对客体的观察中，只有回环往复地试探、观察对方的反应，要把自知和知人恰当地结合起来，综合运用周详的计谋和沉着应对的灵活技巧，才能最大可能地了解对方，掌握客体的真相。

　　鬼谷子认为，凡事都要"重之、袭之、反之、复之"，万事不失其辞。我们常说："触类旁通""举一反三""由此及彼""由表及里"等成语也反映出了"反之、复之"的推理、类比哲学。而被人们所推崇的"圣人之道"之关键，也正是通过反观历史来验证今天，并依此预测未来。

　　古往今来的成大事者都是大智若愚、深藏不露、虚怀若谷的，他们最看重的是如何认知事物的内在本质。为了解开事物的谜底，他们往往不会采取直截了当的方法，不会把时间浪费在观察表象上，而是通过表象类推出这一现象发生的原因，再用一种反观、复验的方法技巧进行思考，通过很多正面和反面的线索进行推理、类比，这样得出的判断准确度和真实度会更高，制定的应变谋略也会更有效。

另外，本篇还提出了把握对方谈话之道的"钓言之道"，即让对方说出真话，这是发挥主观智能的最佳捷径。但在实际应用中，要注意两个问题：一是要事先了解对方实情，认识正确，以辨清对方是真情还是诡诈，进而制定针对性的策略；二是要注意做事情应因人而异，根据实际情况采取多种多样的反观、复察的方法，找出应变之道。

鬼谷子阐述了一种通过"表象""类比"推测出事物未来的变化趋势的方法，这是无敌的大智慧。其实，人的语言都有与之相匹配的表象，任何事物所呈现于我们面前的现象都是可以进行类比的。而这些所谓的表象实际上都是剖析事物本质的重要依据及前提，我们可以通过对事物的表象进行类比，仔细分析和推理，就可以预知到事物下一步的变化趋势了。

比如，若想了解一个人的本质，就要从观察这个人的所作所为开始，再通过他的言谈举止进行对比、类推。用隐蔽无形的眼光观察，再用"钓言之道"诱导对方主动并真诚的陈述。当然，还要通过对他的言与他的行进行反复类比，以便得到对方的真实意图。在确定对方与我方心意相同、诚意相近之时，再以巧言去说服他，反

反复复，进退有度，言谈中要具备随机应变的智能，以防对方的意图发生转化。

总之，由"此"推测"彼"，由"彼"推测"此"，万事万物都有通过"反"而得到"复"的类推规律，掌握这种类推技巧的人就具备了成大事的前提。

内 捷①

原 文

君臣上下之事，有远而亲，近而疏；就之不用②，去之反求③；日进前而不御④，遥闻声而相思⑤。事皆有内捷，素结本始⑥。或结以道德，或结以党友⑦，或结以财货，或结以采色⑧。用其意⑨，欲入⑩则入，欲出⑪则出，欲亲则亲，欲疏则疏，欲就则就，欲去则去，欲求则求，欲思则思。若蚨⑫母之从其子也，出无间，入无朕⑬，独往独来，莫之能止。

注 释

①内捷：内，就是向君王进谏说辞，从而结交君王取得信任；捷，就是向君王进献计策，以辅佐君王，成就事业。

②就之不用：主动谋求职位的却不被任用。就，靠近，这里指接近以谋求职位。

③去之反求：想要离去（即无所求）反而被召请受到重用。去，离开。求，这里是被动用法，被求，即被重用。

④御：有侍奉君主的意思。不御，即不能侍奉君主，也就是得

不到君主的赏识。

⑤思：思念，这里指引起君王的思念。

⑥素结本始：平时就建立了感情基础。素，平素，平时。结，结交。本，本源，在这里和始都是一开始、起初的意思。

⑦党友：同道的朋友。

⑧采色：这里指声色娱乐。

⑨用其意：君王采用其意，即得到君王的信任。

⑩入：在朝为官。

⑪出：出镇外邑。

⑫蚨：即青蚨，传说中的虫名。古代巫术以为青蚨之母与子的血可以相互吸引，用母血和子血涂在铜钱上，两铜钱也可以互相吸引。

⑬朕：痕迹。

译 文

君臣上下之间的关系，有的貌似疏远而实际上却非常亲密，有的貌似亲近而实际上却彼此疏远；主动谋求职位的却不被任用，而那些离去而无所求的反而被召请受到重用；每天晋见的人得不到君王的赏识，距离遥远的人反而能引起君王的思念。这些事情，都是由于性情投合，平素就建立了感情基础的缘故。有的是以道德相结于君王，有的是以同道朋友相结于君王，有的是以钱财货利相结于君王，有的则是以声色娱乐相结于君王。做臣下的一旦得到君王的信任，那么无论是想在朝为官，或者是出镇外邑；无论是想表现出亲近或者是疏远，或有所去，或有所就，或有所求，或有所思，都可以随心所欲。就如同青蚨这种动物的母亲完全依从其子那样，出去时不留间隙，进来时不留痕迹，独自出来，独自返回，谁也无法阻止它。

原　文

内者进说辞，揵者揵所谋也。欲说者务隐度①，计事者②务循顺③。阴虑④可否，明言得失，以御其志⑤。方来应时⑥，以合其谋。详思来揵，往应事当也⑦。夫内⑧有不合者，不可施行也。乃揣切时宜，从便所为，以求其变。以变求内者，若管取揵⑨。言往者，先顺辞⑩也；说来者，以变言⑪也。善变者审知地势，乃通于天，以化四时，使鬼神，合于阴阳，而牧人民。见其谋事，知其志意。事有不合者，有所未知也。合而不结者，阳亲而阴疏⑫。事有不合者，圣人不为谋也。故远而亲者，有阴德⑬也；近而疏者，志不合也；就而不用者，策不得也；去而反求者，事中来也；日进前而不御者，施不合也；遥闻声而相思者，合于谋待决事也。故曰：不见其类而为之者，见逆⑭；不得其情而说之者，见非⑮。得其情，乃制其术⑯。此用可出可入，可揵可开。

注　释

①隐度：暗中揣度君王的心理。隐，暗中。度，揣摩。

②计事者：指向君王进献策略的人。

③循顺：因势利导，顺其自然。

④阴虑：私下考虑。

⑤御其志：掌握君王的思想与意志。御，控制。

⑥方来应时：计谋方略要顺应时宜。方，方略。

⑦详思来捷，往应事当也：首先审慎考虑建立同君王的稳固关系，然后再考虑拟献的方略计谋是否顺应时宜、合乎君王的心愿。

⑧内：通"纳"，采纳。

⑨若管取捷：像一把钥匙开一把锁那样顺利。管，钥匙。捷，通"键"，锁。

⑩顺辞：顺乎君王之心的言辞。

⑪变言：指留有余地、随机应变的言辞。

⑫阳亲而阴疏：君王的赏识亲近是表面上的，实际上其内心并不以为然。阳，指表面上。阴，指内心里。

⑬阴德：指双方的情感心愿暗合。

⑭不见其类而为之者，见逆：意思是不明了总体形势而贸然行动的人，其结果肯定是与自己的意愿背道而驰。类，这里指总体的形势。为，做。逆，相反。

⑮见非：遭到非议和拒绝。

⑯制其术：施展自己驾驭形势的计谋。

译　文

　　所谓内，就是向君王进谏说辞，从而结交君王取得信任；所谓捷，就是向君王进献计策，以辅佐君王，成就事业。想要游说君王的，务必事先揣度君王的心理；向君王进献策略的，务必因势利导，顺其自然。首先私下深思熟虑其优劣可否、成败利钝，然后向君王阐明其利弊得失，从而掌握君王的思想与意志。计谋方略需要顺应时宜，以合乎君王的心愿。但首先要审慎考虑建立同君王的稳固关系，然后再考虑拟献的方略计谋是否顺应时宜、合乎君王的心愿。如果进献的计谋不合君王的心愿，就不可能被采纳并付诸实践。这就需要反复揣度，适应时势的要求，提出新的方案，以求其变通。这样以变通的方法求得君王的采纳，就会像一把钥匙开一把锁那样顺利。与君王谈论以往的事情，贵在顺应君王的心理加以合理解释；谈论未来的趋势，贵在留有余地，随机应变。善于应变的人能够审时度势，通于天地自然，以化合四时；役使鬼神，契合于阴阳变化的规律，从而得心应手地控驭天下百姓。看到君王谋划大事，就可洞悉君王的心理、志趣。如果提出的方略计谋不符合君王的心愿，那就是因为对君王的心愿还不够全面了解。如果提出的方略计谋合乎君王的心愿，但仍未得到重用，从而建立稳固的关系，那么就可以推断，君王的赏识亲近是表面的，实际上其内心并不以为然。如果进献的计谋不符合君王的心愿，即使圣贤之人也不愿再为谋划，无所作为了。因此，与君王表面疏远而实际上关系非常亲密的人，是因为双方的情感心愿暗合；表面亲近而实际上关系疏远的人，是因为双方的志向不相符合；主动谋求职位而得不到君王的重用的人，是因为其计谋不当，没有功效；所言不合君王心理而离去、后来又被召用的人，是因为当初所献计策被后来的事实证明是正确可行的；每天晋见却不被赏识的人，是因为他的作为不合时宜；相距遥远反而能引起君王思念的人，是因为其言行合于君王的谋划，君王亟待与他共决大事。所以说不明了总体形势而贸然行动的人，其结果肯定是南辕北辙；不了解君王的心愿便贸然进献说辞的人，必然遭到非议和拒绝。只有充分了解情况，才可以施展自己驾驭形势的计谋。这样才可能出入自由，随心所欲。

原文

故圣人立事，以此先知①而揲万物。由②夫道德、仁义、礼乐、忠信、计谋，先取《诗》《书》③，混说损益④，议论去就。欲合者，用内⑤；欲去者，用外⑥。外内者⑦，必明道数⑧，揣策⑨来事，见疑决之，策无失计，立功建德。治民入产业⑩，曰揲而内合⑪。上暗不治，下乱不悟，揲而反之⑫。内自得而外不留说⑬，而飞之⑭。若命自来⑮，己迎而御⑯之。若欲去之，因⑰危与⑱之。环转因化⑲，莫知所为，退为大仪⑳。

注释

①先知：指预先知晓全面情况。

②由：来源于。

③《诗》：即《诗经》。《书》：即《尚书》。

④混说损益：综合分析其利弊得失。

⑤欲合者，用内：想要取得君王的信任与合作，就要在掌握君王心理方面下工夫。合，指合于君王的心意。内，内心。

⑥欲去者，用外：如果无意取得君王的信任和宠幸，就不必向君王苟合取宠。

⑦外内者：指善于运用内外之术与君王周旋的人。

⑧道数：指事物发展变化的规律。

⑨策：通"测"，揣测。

⑩治民入产业：陶注："理君臣之名，使上下有序；如赋税之业，是远近无差。"意思是使朝廷君臣有序，人民安居乐业。

⑪曰捷而内合：这就叫做自己制定的计策符合君王之意。

⑫上暗不治，下乱不悟，捷而反之：君王昏暗不能治理朝政，臣下混乱不能明白各自的职责，如果君王仍执迷不悟，那么就可能被臣下所控制。

⑬内自得而外不留说：那些自以为圣贤、自鸣得意的君王，不能接受贤哲的谏言。得，自鸣得意。说，说辞。

⑭而飞之：陶注："如此者，则为作声誉而飞扬之，以钓观其心也。"意思是陶醉于一片歌功颂德的欢呼声中。

⑮若命自来：如果朝廷发出起用的诏令。

⑯御：指施展自己的才智。

⑰因：趁着。

⑱与：指将职权还给君王。

⑲环转因化：在去就之际，要反复权衡，转圜周严，因情制变。

⑳退为大仪：陶注："如是而退，可谓全身大仪。仪者，法也。"意思是这样退居才算是掌握了真正的秘诀。

译文

因此，圣人立身行事，都是预先知晓全面情况从而控制和驾驭万事万物。而这些都来源于道德、仁义、礼乐、忠信、计谋，首先要研究《诗经》《尚书》的立论，再综合分析其利弊得失，并进一步议论选择去就。如果想要取得君王的信任与宠幸，就要在掌握君王心理方面下工夫；如果无意取得君王的信任和宠幸，自然就不必研究君王的心理，也就会被拒绝而离去。善于运用内外之术与君王周旋的人，必须通晓事物发展变化的规律，预测其未来趋势，遇到疑端能够作出决断，使策略的运用不会出现失误，从而建功立业、积累德行，使朝廷君臣有序，人民安居乐业。这就叫做自己制定的计策符合君王之意。君王昏暗不能治理朝政，臣下混乱不能明白各自的职责，如果君王仍执迷不悟，就可能被臣下所控制。那些自以为圣贤、自鸣得意的君王，不能接受贤哲的谏言，而陶醉于一片歌功颂德的欢呼声中。这样，如果朝廷有起用的诏令，就应该欣然受命，以施智展才；如果另有所慕，不愿合作，就要利用社稷大厦将倾之机，将职权还给君王。去就之际，要反复权衡，转圜周严，因情制变，使人搞不清自己的真实意图。这才算是掌握了去就进退的真正秘诀。

解读

"内捷"是《鬼谷子》中关于进献计谋的方法。所谓的"内",就是使人采纳自己的策略;所谓的"捷",则是设法坚持自己的策略。要设法使自己的道德主张拉近与游说对象的关系,以达到与被游说者暗合的目的;同时要设法使自己的志向与被游说者一致,以便得到重用。此外,还要使自己的行为合乎事理,使自己的谋略与决策者一致。想要做到这一点,就需要掌握被游说者的想法和意图,不可贸然行事,待完全掌握情况后,才能控制对方。

本篇讨论臣下向君主、下级向上级进献说辞,要寻求进说者与施说对象之间的心理默契。作者首先分析了君臣关系有远近亲疏,还指出进献说辞要掌握时机,并学会固守自己的计谋,结合内情和外情,以便获得对方的信任。

古代的君王声威赫赫,臣子也常在"一人之下,万人之上"的位置上,二者的关系是很微妙的。君王应如何权衡与臣子的关系,令其为自己效忠;臣子应如何明哲保身,受到君主的重用,则他们分别面临的首要难题、如何解决更是一门大学问。鬼谷子的主导思想是以"情"字为网络事物的中心，为应变事物以变通之法。只有得"情"自合，失"情"自去，才是建功立业的根本。在古代，游说君王的谋士们深谙谲纵横之法，他们往往"晓之以理，动之以情，行之以义"，灵活机警，不自傲，不自恃，最终往往成功。

现实社会中的人际关系也是很复杂的，本篇所论及的人与人之间的关系是在"内揵"的前提下，有清醒的交往目的与原则。比如，在上下级关系中，身为领导者应以情为重，仁义宽容；而身为下属则应体谅大度，恪尽职守。

抵巇

原　文

物有自然，事有合离①。有近而不可见②，有远而可知③。近而不可见者，不察其辞也；远而可知者，反往以验来④也。

注　释

①物有自然，事有合离：自然界的万物都有自己运动的规律，人世间的事物也同样依照自然离合的法则发展变化。

②见：看见，这里引申为察知。

③知：了解。

④反往以验来：反观以往而验证未来。

译　文

自然界的万物都有自己运动的规律，人世间的事物也同样依照自然离合的法则发展变化。有的虽然彼此很近，却互不了解；有的虽然相距很远，反而了解得很清楚。彼此很近却不相互了解，是因为没有考察其言辞；相距遥远反而了解得很清楚，是因为反观以往而验证未来。

原 文

　　巇者，罅①也。罅者，涧②也。涧者，成大隙也。巇始有朕③，可抵而塞，可抵而却，可抵而息，可抵而匿，可抵而得④。此谓抵巇之理也。

注 释

　　①罅：缝隙。

　　②涧：在这里指中缝。

　　③朕：征兆。

　　④可抵而塞，可抵而却，可抵而息，可抵而匿，可抵而得：陶注："自中成者，可抵而塞；自外来者，可抵而却；自下生者，可抵而息；其萌微者，可抵而匿；都不可知者，可抵而得。"意思是当这种征兆从内部出现时，可以堵塞它；从外部出现时，可以击退它；从下层出现时，可以平息它；当这种征兆处于萌芽状态时，可以泯灭它；而当其危机深重、不可救药时，可以通过适当的途径取而代之。

译 文

　　所谓巇，就是罅，罅也就是涧。涧天长日久就变成大隙。巇刚刚开始时会出现征兆，当这种征兆从内部出现时，可以堵塞它；从外部出现时，可以击退它；从下层出现时，可以平息它；当这种征兆处于萌芽状态时，可以泯灭它；而当其危机深重、不可救药时，可以通过适当的途径取而代之。这就是抵巇的道理。

原　文

　　事之危也，圣人知之，独保其用①。因②化说事，通达计谋，以识细微③。经④起秋毫⑤之末，挥⑥之于太山⑦之本。其施外⑧，兆萌牙蘖之谋⑨，皆由抵巇。抵巇隙，为道术。

注　释

　　①独保其用：发挥自己独特的作用。

　　②因：根据。

　　③细微：这里指危机的征兆。

　　④经：陶注："经，始也。"即开端。

　　⑤秋毫：鸟兽在秋天新长的细毛，比喻微小的事物。

　　⑥挥：陶注："挥，动也。"指事物的发展变化。

　　⑦太山：即大山。

　　⑧施外：圣人向外推行教化。施，施行，推行。

　　⑨兆萌牙蘖之谋：防范和消除危机萌芽和征兆的计谋。牙，即芽。蘖，被砍去或倒下的树木再生的根芽。

译　文

　　当事情出现危机之初，只有圣人才能知道，从而发挥自己独特的作用，进而根据事情的发展变化分析利弊，制定适当的策略，以识别这种危机的征兆。万事开始之初，都如秋毫之末那样微小，一旦任其发展，就会动摇大山的根基。当圣人教化向外推行之时，防范和消除危机萌芽和征兆的计谋，都是运用抵巇的道理进行创制的。由此可见，堵塞裂痕、漏洞的方法，也是一种道术。

原文

天下纷错①，上无明主，公侯无道德，则小人谗贼②，贤人不用，圣人窜③匿④，贪利诈伪者作，君臣相惑⑤，土崩瓦解，而相伐射⑥。父子离散，乖⑦乱反目，是谓萌芽巇罅。圣人见萌芽巇罅，则抵之以法⑧，世可以治则抵而塞之，不可治则抵而得之⑨。或抵如此，或抵如彼；或抵反之，或抵复之。五帝⑩之政，抵而塞之；三王⑪

之事，抵而得之。诸侯相抵⑫，不可胜数，当此之时，能抵为右⑬。

注释

①错：乱。

②谗：谗害。贼：害，危害。

③窜：逃跑。

④匿：隐匿，这里是隐遁、隐居的意思。

⑤惑：迷惑，这里引申为猜疑。

⑥射：射箭，这里引申为战斗。

⑦乖：违反，背离。

⑧抵之以法：运用抵巇的方法予以堵塞。

⑨抵而得之：用抵巇的方法取而代之。

⑩五帝：古代传说中的帝王，说法不一，通常指黄帝、颛顼、帝喾、唐尧、虞舜。

⑪三王：中国古代三位帝王，即夏禹王、商汤王、周文王。

⑫诸侯相抵：指春秋时期，诸侯之间相互攻伐兼并。

⑬能抵为右：善于运用抵巇之法的就是强者。右，古代吉礼尚右，右为上位。

译文

天下纷乱不止，上无明君，公侯将相丧失道德，于是奸邪小人就会谗害忠良、危害社会，以至于贤明之人不被重用，圣人也隐遁起来。贪图利禄、虚伪奸诈之徒胡作非为，导致君臣上下相互猜疑，天下土崩瓦解，相互攻伐，父子离散，反目成仇，这就是裂痕萌发的表现。圣人看到了这些裂痕，就要运用抵巇的方法予以堵塞。世道尚可治理时，就用抵巇的方法加以堵塞；一旦世道不可挽救时，就用抵巇的方法取而代之。或者堵塞它，或者得到它，或者恢复治理，取而代之。五帝之时，世道尚可治理，所以就用抵巇的方法加以堵塞；夏、商、周三王更代之时，世事已无可挽救，于是就用抵巇的方法取而代之。春秋时代，诸侯攻伐兼并不可胜数，这个时候，善于运用抵巇之法的就是强者。

原 文

自天地之合离终始，必有巇隙，不可不察也。察之以捭阖，能用此道，圣人也。圣人者，天地之使也。世无可抵①，则深隐而待时，时有可抵②，则为之谋。可以上合③，可以检下④。能因⑤能循，为天地守神。

注 释

①世无可抵：世道太平，没有出现裂痕不需要堵塞的时候。

②时有可抵：当世事发生了裂痕需要加以堵塞时。

③上合：陶注："上合，谓抵而塞之，助时为治。"意思是协助君王恢复治道。

④检下：陶注："检下，谓抵而得之，束手归己也。"意思是通过堵塞的方法取而代之。

⑤因：和下面的"循"都是遵循的意思。

译 文

自从天地间有了离合、始终的运动变化，万事万物也必然出现裂痕漏洞，这是不可不详加考察的问题。能够巧妙地运用捭阖之术加以考察研究的，就是圣人。所谓圣人，就是天地的使者。世道太平，没有出现裂痕不需要堵塞的时候，就深隐以待时；世事发生了裂痕需要加以堵塞时，就要应时而出，谋划堵塞的策略。这种策略可以是协助君王恢复治道，也可以是通过堵塞取而代之。能够遵循抵巇之法，就可以立于不败之地，成为天地的守护神。

解　读

　　抵，堵塞。巇，缝隙。抵巇，在这里是指弥补不足，堵塞漏洞。抵巇之术，就是防止和消灭裂痕而采取的措施，是鬼谷子纵横术的重要一术。

　　本篇所论述的基本观点是——"物有自然，事有合离"。鬼谷子阐述了万事万物都有其客观存在和变化的规律，这是有规律可循的。事物在变化中，都遵循着"离合"运动的规律，只要我们仔细观察、细心探索，就会发现规律、认识规律，若能够按照规律行事，就没有办不成的事。

　　另外，鬼谷子在本篇中，还提醒我们：任何事物都会出现裂痕，而且这种裂痕会由小变大。所以，在这些危险征兆刚刚出现时，就要通过"抵"及时处理，使裂痕闭塞，或者使其减少，或者让它停止发展，或者让它减缓发展，或者将它彻底根除，以防被敌方乘隙而入。但是，如果事物的变化趋势是良性的，就要引导它朝着对我们有利方向发展。这就是"抵巇"之术的奥妙所在。

　　可见，审时度势就是抵术的重要原则。矛盾是客观的，解决矛盾的方法必须是抓住时机，使之迎刃而解。"抵巇术"的运用范围十分广泛，可用在征战中，也可用在人际交往中，它可帮助我们掌握对方的心理，以便控制变化，使其按照和谐有利的轨迹发展下去。

飞 箝①

原 文

凡度权量能，所以征远来近②。立势而制事③，必先察同异之觉，别是非之语，见内外之辞④，知有无之数⑤，决安危之计，定亲疏之事⑥，然后乃权量⑦之。其有隐括⑧，乃可征，乃可求，乃可用。引⑨钩箝飞箝之辞⑩，飞而箝之。

注 释

①飞箝：陶注："飞，谓作声誉以飞扬之。飞箝，谓牵持缄束令不得脱也。言取人之道，先作声誉以飞扬之，彼必露情竭志而无隐，然后因其所好，牵持缄束令不得转移。"意思是运用诱导对方说话的辞令，获知对方内心的真实感情，再用褒扬的方法控制对方。

②征远来近：感召和吸引或远或近的人才。征，征召。来，使动用法，使……来。

③立势而制事：确立相应的制度，以便考察和甄别人才的

优劣。

④见内外之辞：分析对内对外言辞的真伪。

⑤知有无之数：了解有无之智数。

⑥亲疏之事：指用人时哪些人可以亲近任用，哪些人必须疏远排斥。

⑦权量：权衡和裁量。

⑧隐括：把物的屈曲注入模型中加以矫正。

⑨引：用的意思。

⑩钩箝之辞：指诱导他们说话的辞令，目的是获知对方的心理。

译文

大凡揣度人的权谋、衡量人的才能，就是为了感召和吸引或远或近的人才。确立相应的制度，以便考察和甄别人才的优劣，必须首先考察彼此之间的同与异，辨别言论的是与非，分析对内对外言辞的真伪，了解有无之智数，决断安危之大计，确定亲疏之大事，然后权衡彼此的轻重，裁量彼此的长短。一旦时势需要时，就可以征召他们，可以依靠他们、任用他们。要运用诱导他们说话的辞令，获知他们内心的真实感情，再用褒扬的方法控制对方。

原　文

　　钩箝之语，其说辞也，乍同乍异①。其不可善者②：或先征之，而后重累③；或先重以累，而后毁之；或以重累为毁；或以毁为重累。其用，或称财货、琦玮④、珠玉、璧帛、采色⑤以事之；或量能立势⑥以钩⑦之；或伺候见涧而箝之⑧。其事用抵巇。

注　释

　　①乍同乍异：时而赞同对方，时而不赞同对方。

　　②其不可善者：指那些不为游说辞令所动的人。

　　③重累：历数其才能，反复试探和感化。

　　④琦玮：均都是美玉的一种。

　　⑤采色：采邑声色。

　　⑥量能立势：陶注："量其能之优劣，然后立去就之势。"意思是衡量对方的实力，然后确立相应的制度，立赏罚去就之势。

　　⑦钩：钩取，了解其内心真实感情和才能之高下。

　　⑧或伺候见涧而箝之：陶注："谓伺彼行事，见其涧而箝持之，以知其勇怯也。"意思是等待其遇到艰难困苦之时进行控制，以了解其智愚勇怯。

译　文

　　诱导对方说话进而控制对方的语言，作为一种游说辞令，要时而赞同对方，要时而不赞同对方。对于那些不为游说辞令所动的人，或者先征召他们，然后历数其才能，反复试探和感化；或者先历数其才能，进而进行试探和感化，然后再对其才术之短进行诋毁；或者借历数其才能之名行诋毁其不足之实；或者借诋毁其不足之名行褒扬其才能之实。如果被他们感化，行将重用，或者用财货、琦玮、珠玉、璧帛、采邑、声色打动和引诱他们，以观察其贪廉；或者确立相应的制度，立赏罚去就之势，以了解其内心真实感情和才能之高下；或者等待其遇到艰难困苦之时进行控制，以了解其智愚勇怯。这些都要运用抵巇的方法。

原文

将欲用之于天下[1]，必度权量能。见天时之盛衰，制[2]地形之广狭，岨险之难易，人民货财之多少，诸侯之交孰亲孰疏、孰爱孰憎；心意之虑怀，审其意[3]，知其所好恶，乃就说其所重[4]，以飞箝之辞钩其所好，以箝求之。用之于人，则量智能，权[5]材[6]力，料[7]气势，为之枢机[8]，以迎之随之，以箝和之，以意宜之。此飞箝之缀[9]也。用之于人，则空往而实来[10]，缀而不失，以究其辞。可箝而从[11]，可箝而横[12]；可引而东，可引而西；可引而南，可引而北；可引而反，可引而覆。虽覆，能复，不失其度[13]。

注释

①用之于天下：陶注："用之于天下，谓用飞箝之术辅于帝王。"意思是用飞箝之术辅佐君王治理天下。

②制：控制，掌握。

③审其意：了解其人的心意、情怀、志向。

④就说其所重：陶注："就其所最重者而说之。"意思是投其所重与所好而进说辞。

⑤权：权衡。

⑥材：同"才"，才能，才干。

⑦料：估计。

⑧枢机：事物的机关和枢纽。

⑨缀：连结，这里指结交诸侯。

⑩空往而实来：陶注："但以声誉扬之，故曰'空往'；彼则开心露情，归附于己，故曰'实来'。"意思是用好听的空话，褒扬对方，从而使其敞开心扉，讲出真实的情况。

⑪从：同"纵"，合纵的意思。

⑫横：连横。

⑬虽覆，能复，不失其度：陶注："虽有覆败，必能复振，不失其节度，此箝之终也。"意思是运用飞箝之术，虽然也可能覆败，但一定能转败为胜，不致丧失其度。

译　文

如果想用飞箝之术辅佐君王治理天下，就必须揣度人的权谋，衡量人的才能，观察天时的盛衰，考察地形的广狭，山川险阻的难易，人民财货的多少，以及与各方诸侯的亲疏、爱憎关系，还要了解其人的心意、情怀、志向，知晓其好恶，然后投其所重与所好，用具有诱惑性的说辞，求得采纳和重用，进而控制对方。如果要把飞箝之术用于诸侯，就要裁量其智能，权衡其权力，估计其气势，这就如同控制了事物的机关和枢纽一样，以此迎合他、追随他，以此控制并亲和他，以此达成和议，促成合作。这就是运用飞箝之术，联结诸侯的办法。如果把飞箝之术用于他人，就要用好听的空话褒扬对方，从而使其敞开心扉，讲出真实的情况，以此结交他而不失欢，以进一步探究其言辞的真伪。这样，就可以实现合纵，也可以实现连横；可以引而向东，也可以引而向西；可以引而向南，也可以引而向北；可以引而返还，也可以引而复去。运用飞箝之术，虽然也可能覆败，但大多能转败为胜，不致丧失其度。

解读

　　本篇所论述的"飞箝"之术，就是用赞美、褒扬的方法，赢得对方的好感，以取得对方的信任，令其暴露实情，进而继续诱导对方，掌握更多的实情，达到箝制对方、控制对方的目的。这里的"飞"是指飞扬、褒奖，制造声誉，使其声名远扬，以此取得对方的欢心和信任，使其暴露实情；"箝"是指控制、钳制，牢牢控制对方，使其按照我方的意愿去做。由于大多数人都具有喜欢受人称赞的特点，所以"飞"自然成了"箝"的不可或缺的手段。

飞箝之术是一种高明的引人之术、制人之术。鬼谷子认为，采用飞箝之术的关键在于，首先要了解对方的权谋、智能、才干等实情，再有针对性地使用飞箝之术，掌控全局，以达到自己的目的。正所谓："用之于人，则量智能，权材力，料气势，为之枢机以迎之、随之，以箝和之，以意宜之。"

鬼谷子云："引钩箝之辞，飞而箝之。钩箝之语，其说辞也，乍同乍异。"在这里，鬼谷子阐述了一种钩住对方从而箝制住对方的方法，即"飞箝"之术的使用方法。在实施这种方法之前，必须先顺应对方，用大量的赞美之词褒奖对方，让他的心灵得到满足，使得他的荣誉感和成就感得到满足，进而得意忘形，不能把握自己，疏忽防范意识。此时，就可以实施箝制对方的辞令了。

钩住并箝制对方的语言技巧是要讲策略的，不能完全直言不讳，要懂得因时制宜，时而顺着对方说、时而逆着对方说；时而赞同对方、时而反对对方，在反反复复中寻找最合适的时机，一点一点地钳制对方，不能体现出任何有预谋的迹象。各个环节都要衔接顺畅，处处都要体现出顺理成章，合乎情理。

比如，对于那些固执、不易接近的人，可以采用先发表反面意见的方法，以引起对方的好奇心，激起对方反驳的意愿；当对方陈述意见时，就要顺着他说，等待时机成熟后，再次反对对方，令对方继续阐述他的意见。就这样一顺一反，反反复复地试探对方，

待探视出对方的软弱之处后，就要当机立断，引诱对方并成功箝制他。

再如，对于那些位高权重而又不为利益所动的人，首次可以对形势、大局、权能等方面作出精辟的分析，以吸引对方的注意力，再设法引出对方感兴趣的话题，使其陈述自己的见解。此时要静心凝听对方的阐述，等待机会寻找对方的破绽，一旦抓住对方的弱点，就可以立刻切入进去箝制住他；一旦切入进去了，就要用前面所论述的"抵巇"之术加以应对，这样一定可以取得理想的效果，达到预期目的。

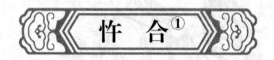

忤 合①

凡趋合倍反②，计有适合。化转环属③，各有形势。反复相求，因事为制④。是以圣人居天地之间，立身御世，施教扬声明名⑤也，必因⑥事物之会⑦，观天时之宜，因之所多所少⑧，以此先知之，与之转化⑨。

①忤：忤逆，反忤。合：趋合。

②趋合倍反：指有关联合或对抗的行动。趋，小步快走。合，联合。"趋"和"合"指有关联合的行动。倍，通"背"，背叛。反，这里指与对方之意相反。"倍"和"反"指有关对抗的行动。

③化转环属：陶注："言倍反之理，随化而转，如连环之属。"意思是分合的变化就如同连环之物，根据情况的变化而转换。

④反复相求，因事为制：陶注："或反或复，理自相求，莫不因彼事情为之立制。"意思是彼此循环往复，互相依赖，需要根据实际情况的变化进行定夺。

⑤明名：显名。明，这里是使动用法，使……明。

⑥因：根据。

⑦会：时机，机缘。

⑧所多所少：陶注："所多所少，谓政教所宜多，所宜少也。"指行政教化应该多、应该少的地方。

⑨转化：陶注："转化，谓转变以从化也。"意思是根据情况的不同及其变化作出相应的调整和增减。

译 文

　　大凡有关联合或对抗的行动，都会有适宜的计谋。分合的变化就如同连环之物，根据情况的变化而转换，各有不同的形势。彼此循环往复，互相依赖，需要根据实际情况的变化进行定夺。所以，圣人在天地之间立身行事，施行教化，扩大和宣扬自己的名誉和声望，都必须根据事物发展的机缘，观察天时变化的合宜与否，从而了解行政教化应该多、应该少的地方。因为预先了解了这些情况，所以才能根据情况的不同及其变化作出相应的调整和增减。

原 文

　　世无常①贵，世无常师。圣人常无为无不为，无所听无不听，成于事而合于计谋，与之为主②。合于彼而离于此，计谋不两忠③，必有反忤④。反于是，忤于彼；忤于此，反于彼。

注 释

①常：永恒的，永远的。

②成于事而合于计谋，与之为主：陶注："于事必成，于谋必合，

如此者，与众立之，推以为主也。"意思是如果料定事情必然会成功，计谋也合乎实际，正确可行，那么就与众人一起推举他作为君主。

③计谋不两忠：任何计谋都不可能忠实于彼此双方。

④必有反忤：这其中一定有顺应和合、背反忤逆的情况。

译 文

世界上没有永恒的尊贵，做事也没有令人永远师法的榜样。圣人无所作为而无所不为，无所兼听而无所不听。如果料定事情必然会成功，计谋也合乎实际，正确可行，那么就与众人一起推举他作为君主。与这一方顺合，就必然与另一方背离，任何计谋都不可能忠实于彼此双方，这其中一定有顺应和合、背反忤逆的情况。要顺合此方，就要悖逆彼方；要悖逆此方，就要顺合彼方。

原 文

其术也，用之于天下，必量①天下而与②之；用之于国，必量国而与之；用之于家，必量家而与之；用之于身③，必量身材能④气势而与之。大小进退，其用一也⑤。必先谋虑，计定而后行之以飞箝之术⑥。

注 释

①量：度量，衡量。

②与：实施、施行。

③身：自身，自己。

④材能：即才能。材，通"才"。

⑤大小进退，其用一也：陶注："所行之术，虽有大小进退之

异，然而至于称事扬亲则一，故曰：'其用一也'。"意思是反忤之
术的运用，虽然有大小进退的区别，但其或顺合或反逆，其道理是
一贯的。

⑥行之以飞箝之术：施用飞箝之术作为辅助手段。

译文

这种反忤之术，如果要运用到经营天下上，就必须度量天下的
实际情况，决定顺合或者反逆；如果要把这种反忤之术运用到经营
封国上，就必须度量封国的实际情况，以决定顺合或者反逆；如果
要把这种反忤之术运用到治理家族事业上，就必须度量家族事业的
实际情况，以决定顺合或者反逆；如果要把这种反忤之术运用到个
人的事业上，就必须度量个人的才能气势，以决定顺合或者反逆。
反忤之术的运用，虽然有大小进退的区别，但其或顺合或反逆，其
道理是一贯的。一定要首先思谋考虑，确定计谋策略之后，再施用
飞箝之术作为辅助手段。

原文

古之善背向者①，乃协②四海③、包④诸侯，忤合之地而化转
之⑤，然后以之求合⑥。故伊尹⑦五就⑧汤⑨；五就桀⑩，然后合于汤；
吕尚⑪三就文王⑫，三入⑬殷⑭，而不能有所明，然后合于文王。此
知天命之箝，故归之不疑也⑮。

注释

①善背向者：指善于运用背向之理、反忤之术的人。

②协：协和。

③四海：古人认为我国疆土四面濒海，因此称全国、国内为"四海"。

④包：包举，联合。

⑤忤合之地而化转之：陶注："驱置忤合之地，然后设法变化而转移之。"意思是驱置于忤合之地，然后再设法感化人心、转换形势。

⑥以之求合：陶注："众心既从，乃求其真主，而与之合也。"意思是使天下归心，求得英雄之主，开创新朝。

⑦伊尹：商初名相，名挚。

⑧就：靠近，这里是臣服的意思。

⑨汤：商朝开国之君，他重用伊尹消灭了夏桀，开创了商王朝，推行善政。

⑩桀：夏末暴君，被商汤王所灭。

⑪吕尚：即姜尚，钓于渭水，遇文王，相语，文王大悦，拜为军师。封太公望。

⑫文王：姓姬名昌，周武王父，为武王灭商奠定了基础。

⑬入：进入，这里是入事的意思。

⑭殷：即商，商朝曾定都于殷，故称。这里指殷纣王，是商末暴君。

⑮此知天命之箱，故归之不疑也：陶注："以天命系于殷汤、文王，故二臣归二主不疑也。"意思是他们二人都知晓天命的归宿，所以最终义无反顾，归顺了明主。天命之箱，即天命所归。古人认为朝代兴衰乃天命所系。归，这里是归顺的意思。

译文

古代善于运用背向之理、反忤之术的人，能够协和天下四方、联合诸侯各国，驱置于忤合之地，然后再设法感化人心、转换形势，使天下归心，求得英雄之主，开创新朝。所以，伊尹五次臣服商汤，五次臣服夏桀，最后顺合于商汤；吕尚三次臣服周文王，三次入事殷纣王，无法施展自己的抱负，最后终于顺合了周文王。他们二人都知晓天命的归宿，所以最终义无反顾，归顺了明主。

原文

非至圣①达奥②，不能御世；非劳心苦思，不能原事③；不悉心见情④，不能成名；材质⑤不惠⑥，不能用兵⑦；忠实无真⑧，不能知人。故忤合之道，己必自度材能、知睿⑨，量长短、远近⑩、孰不如，乃可以进，乃可以退，乃可以纵，乃可以横。

注释

①至圣：指非凡的圣人。

②达奥：指达到了深奥的境界。

③原事：指了解事物的本来面目。原，追究根源。

④悉心见情：尽心努力洞见世情。悉，全，尽。情，这里指世情。

⑤材质：才能和素质。材，同"才"，才能。

⑥惠：聪慧。

⑦用兵：这里指进行军事运筹。兵，指军事。

⑧忠实无真：如果不能诚心忠实。

⑨知睿：聪明睿智。知，同"智"，聪明。

⑩量长短、远近：度量自己技能的长短和见识的远近。

译 文

假如不是非凡的圣人、达到了深奥的境界，就不能治理世事；如果不费心苦思，就不能了解事物的本来面目；如果不尽心努力洞见世情，就不可能成就声名；如果没有聪慧的素质才能，就不能进行军事运筹；如果不能诚心忠实，就不能知人善任。所以忤合之术的法则，一定要估量自己的才干能力、聪明睿智，度量自己技能的长短和见识的远近，哪一方面不如别人。这样才可以知己知彼，可以前进，可以后退，既可以纵，亦可以横，达到随心所欲、运用自如的境界。

解 读

本篇是讨论"忤合之术"的，即"以反求合"之术。"忤"，即是相背；"合"即是相向。"忤合"在这里是指以忤求合，先忤后合。

鬼谷子认为，事物变化和转移，就像铁环一样连接而无中断，形成各种各样的发展态势，或是相向归一；或是背逆相反。所谓的"忤合之术"正是基于"反""合"可以互相转化的原理。本篇中，明确指出互相对立是事物的客观存在，只有精通"以反求合"的原理，才能顺应事物的变化。因此，在施行"忤合之术"以前，必须对具体事物进行多方面的研究，反复寻求内在的原因，再根据实际情况制定相应的策略。若是缺乏针对性的以反求合，不仅实现不了初始意图，还会造成适得其反的后果。在实施"忤合之术"的时候，除了要充分认识万物皆在变化中这一规律之外，还要具备两个必备条件：一是知己知彼，一定要事先估量自己的聪明才智，然后比较自己和他人的优劣长短，只有在知己知彼后，才能进退纵横，游刃有余；二是要在对方不知我方谋略的情况下，施行忤合之术，以使我方获得主动权。

鬼谷子阐述了"忤合"是事物发展变化中的应变常规，正如篇中所言"世无常贵，事无常师"，所以"成于事而合于计谋，与之为主"或"合于彼，而离于此，计谋不两忠，必有反忤"。不管我们要实现的预期目的是"联合"还是"背反"，都要预先制定出切实可行的谋略。同时，要知道制定出的谋略并不是最终的谋略，因为事物是在不同环境和条件下不断发展变化的，所以谋略也应该根据变化中的事物而不断变化，变化后的谋略要适应变化后的形势。换言之，就是"实事求是，因时制宜，与时俱进"。

另外，本篇还进一步讨论了如何利用对立和顺合的规律进行考察、选择适合自己的君主，进而建功立业。圣人生活在天地之间，他们之所以能够立身处世、治理天下、说教众人、宣扬名声，确定名分，就是因为他们始终遵循事物的变化规律行事，并在此基础上制定出了一系列与时俱进的谋略，再按照预先的计划促进事物向有利的方向转化。

原 文

　　古之善用天下②者，必量③天下之权④，而揣诸侯之情⑤。量权不审，不知强弱轻重之称⑥；揣情不审，不知隐匿变化之动静⑦。何谓量权？曰：度⑧于大小，谋于众寡。称⑨货财之有无，料人民之多少、饶乏⑩、有余不足几何，辨地形之险易孰利、孰害⑪，谋虑孰长、孰短⑫，揆君臣之亲疏孰贤、孰不肖⑬，与宾客之知睿⑭孰少、孰多，观天时之祸福孰吉、孰凶，诸侯之亲⑮孰用、孰不用，百姓之心去就⑯变化，孰安、孰危、孰好、孰憎，反侧⑰孰便，能知如此者，是谓权量。

注 释

①揣：揣度，揣摩。

②用天下：统治天下，治理天下。

③量：度量，衡量。

④天下之权：天下的形势。

⑤情：实情。

⑥强弱轻重之称：天下诸侯强弱轻重的形势。

⑦隐匿变化之动静：这里指天下诸侯隐蔽变化的动静。

⑧度：度量。

⑨称：衡量。

⑩饶：富足。乏：贫乏。

⑪孰利、孰害：意思是对谁有利，对谁有害。

⑫孰长、孰短：意思是哪一方高明，哪一方拙劣。

⑬不肖：即不贤，没有才能。

⑭知睿：聪明睿智。知，同"智"，聪明。

⑮诸侯之亲：与诸侯之间关系的亲疏远近。

⑯去就：离开和靠近，人心向背。

⑰反侧：反叛的意思。

译 文

　　上古时代，善于治理天下的人，必定要权衡天下的形势，揣度诸侯的实情。如果权衡天下形势不够准确，就不能准确掌握天下诸侯强弱轻重的形势；如果揣度诸侯实情不够细致周密，就不可能知道天下诸侯隐蔽变化的动静。什么叫做权衡天下形势？回答是：度量大小，谋划多少。衡量物质财富的有无与数量的多少；估料民众的多少及其富足还是贫乏、有余还是不足的程度如何；辨别地形的险要与平易，以及对谁有利，对谁有害；谋略运筹方面，哪一方高明，哪一方拙劣；考察君臣之间的亲疏关系如何，以及谁更贤能，谁个不肖；还有宾客幕僚的智慧，哪一方少，哪一方多；观察天时的祸福，何时吉利，何时凶险；与诸侯之间的关系亲疏远近，哪些诸侯可以效力，哪些诸侯不能利用；天下百姓的人心向背变化，哪些地方平静，哪些地方有危机，哪些人拥戴，哪些人憎恶，如果发生反叛，如何察知。掌握了以上这些情况，就可以称得上是权衡天下的形势。

原文

揣情者，必以其甚喜之时，往而极①其欲也，其有欲也，不能隐其情；必以其甚惧之时，往而极其恶也，其有恶也，不能隐其情。情欲必出其变②。感动③而不知其变者，乃且错④其人勿与语，而更问其所亲，知其所安⑤。夫情变于内者，形见⑥于外。故常必以其见者，而知其隐者。此所谓测深揣情⑦。

注释

①极：极点，尽头，这里是使动用法，使……达到极点。

②情欲必出其变：人的情欲必定能在其甚喜、甚惧之时表露出来。

③感动：情感受到触动。

④错：通"厝"，安置，安放。

⑤更问其所亲，知其所安：陶注："徐徐更问斯人之所亲，则其情欲所安可知也。"意思是了解其所亲近的人，从而从侧面了解其外表不为所动、处之泰然之时的内心真实情感。

⑥见：通"现"，表现。

⑦测深揣情：探测人们内心深处的真实情感。深，这里指内心深处。

译 文

揣度诸侯的实情，一定要在他们最高兴的时候去刺激他们的欲望，使其达到极点，这样他们有了强烈的欲望，就不容易隐瞒其真实的情感；还要在他们最恐惧的时候去刺激他们厌恶的心理，使其达到极点，这样他们内心有着强烈的厌恶情绪，就难以隐瞒其真实的情感。这是因为，人的情欲必定能在其甚喜、甚惧之时表露出来。如果遇到其情感受到触动却不能体现其内心善恶、好恶变化的人，就暂且搁置起来，不与他交谈，而应该去了解其所亲近的人，从而从侧面了解其外表不为所动、处之泰然之时的内心真实情感。一般来说，内心的情感发生变化，必然会在外在形态上表现出来。所以人们必须常常根据其外在的表现，来察知他们内心的隐情。这就是所谓的探测人们内心深处真实情感的方法。

故计^①国事者，则当审权量；说人主，则当审揣情；谋虑情欲必出于此^②。乃可贵，乃可贱，乃可重，乃可轻，乃可利，乃可害，乃可成，乃可败，其数一也^③。故虽有先王之道、圣智之谋，非揣情，隐匿^④无所索^⑤之。此谋之大本^⑥也，而说之法^⑦也。常有事于人，人莫先事而至，此最难为。故曰揣情最难守司^⑧，言必时有谋虑^⑨。故观蜎飞蠕动^⑩，无不有利害，可以生事美^⑪。生事者，几之势也^⑫。此揣情饰言成文章^⑬，而后论之也。

注 释

①计：谋划。

②谋虑情欲必出于此：要探测人们内心的谋划思虑、情感欲望，都必须采用这种方法。

③其数一也：其规律都是一样的，也就是说以上所言均由自己决定和控制，其奥妙就在于揣度之术的运用。数，规律。

④隐匿：这里指对方内心隐藏的真实情感。

⑤索：求。

⑥谋之大本：谋略的根本原则。

⑦说之法：游说君主的基本方法。

⑧守司：掌管、把握。守，掌管。司，主管，掌管。

⑨言必时有谋虑：向人进言必须把握好对方谋虑的时机。

⑩蜎飞蠕动：这里泛指小飞虫的运动。蜎，即孑孓，蚊子的幼虫。蠕，这里作名词，指蠕形动物。

⑪生事美：根据利害顺逆的道理成就事业。

⑫生事者，几之势也：事业的成就，往往在最初表现出一种微弱的趋势。几，隐微，不明显。

⑬揣情饰言成文章：这些揣测实情的说辞要修饰成华丽的文章。饰，修饰。

 译文

因此，谋划国家大事的人，就应当缜密地权衡天下的形势；向君主游说陈情献策时，就应当仔细地揣度君主的内心情感。要探测人们内心的谋划思虑、情感欲望，都必须采用这种方法。揣度之术，可以富贵，也可以贫贱；可以权倾一时，也可以微不足道；可以获取利益，也可以招致祸害；可以成事，也可以坏事，均由自己决定和控制，其奥妙就在于揣度之术的运用。所以，虽然有古圣先王的法则、圣哲智士的谋略，如果不通过揣测实情的权术，就无法探知对方内心隐藏的真实情感。这是谋略的根本原则，是游说君主的基本方法。常常有新的事情不断发生在人们的面前，而人们都不能在事先预料到，这是很难做得到的。所以说，揣测实情最难把握，向人进言必须把握好对方谋虑的时机。所以我们观察小飞虫的运动，可以想见世间没有不具备利害之心的东西，以此观之，可以根据利害顺逆的道理成就事业。事业的成就，往往在最初表现出一种微弱的趋势。这些揣测实情的说辞要修饰成华丽的文章，然后进行论述。

"揣"是指揣情，即揣度、琢磨对方的心理和真实情况，以便推测出事物发展的方向，权衡事物的利弊与得失。揣情是谋略的根本，也是游说的主要方法。

本篇主要论述了"量权"与"揣情"两部分内容。量权是指衡量比较天下权势的强弱；揣情则是指揣度诸侯内情的真伪，是谋士游说诸侯国君所用的方法。

春秋战国时代，那些善于掌控天下的智者都会通过认真比较和审定天下的真实权势，来掌握诸侯各国的强弱、轻重情况，进而揣测诸侯各国的真实情况。他们不断审视变化的情况，以便知道一些隐秘的事态变化情况，从而判断出表面现象中的内在本质。正如文中所言，若要掌握天下大事，必须善于"量天下之权，而揣诸侯之情"；若想准确地权衡天下的强弱，就要从地域、人口、财富、地理险易、人才多寡，乃至于物产、资源等国情方面入手。若要揣测诸侯的内情，就要善于把握有利时机，仔细揣摩对方的内心和思想，进而掌握住对方情感的变化，并以此为根据制定出相应的征服策略。如果衡量权势不准确，就不可能了解诸侯之间力量强弱虚实的差别；如果揣测情形不精确，就不可能了解隐藏的情况和事物暗中变化的征兆。

当然，作为一个出色的谋士除了会"量权"之外，还必须善于"揣情"，即懂得察言观色，揣测内心：在对方最高兴的时候，前去见他，设法刺激他的欲望，只要欲望表现出来，实情就难以隐藏；在对方最恐惧的时候，前去见他，设法加重他的恐惧，只要恐惧表现出来，实情就难以隐瞒。由于人的情欲往往在特别高兴或特别悲伤的时候发生变化，所以，对于那些已经触动情感，却仍看不出有异常变化的人，就要暂时撇开不再与他交谈，而应转向他所亲近的人，去了解隐藏在内部的真情。实践证明，"揣情"对象是极为丰富的，所以在实施计谋的时候，一定要做到因人制宜，因事而异。只有揣术运用恰当出奇，方可出奇制胜。

摩 篇

摩者，揣①之术也。内符②者，揣之主也。用之有道③，其道必隐。微摩之以其所欲④，测而探之，内符必应；其应也，必有为之⑤。故微而去之⑥，是谓塞窌⑦、匿端⑧、隐貌、逃情⑨，而人不知。故成其事而无患。摩之在此，符应在彼。从而应之，事无不可。

①揣：揣摩，揣度，这里指揣摩内心情感。

②内符：内心情感与其外在表现。符，符验，这里指内心情感的外在表现。

③道：一定的法则。

④微摩之以其所欲：根据其情感欲望稍微进行揣度。以，根据。

⑤其应也，必有为之：陶注："内符既应，必欲为其所为也。"意思是内外既然相呼应，就会在行动上有所作为。

⑥微而去之：稍加揣度，便排除其外在表现。去，这里是排除的意思。

⑦塞窌：堵塞漏洞。窌，地窖，这里指漏洞。

⑧匿端：隐匿头绪。端，端绪，头绪。

⑨隐貌、逃情：均指隐蔽实情。

译 文

摩，是揣摩内心情感的一种权术。内心情感与其外在表现，是揣情之术的主体。运用揣情之术有一定的法则，而且这一法则要以隐秘的方法来进行。根据其情感欲望稍微进行揣度，再进一步探测其中的奥妙，这样其内心情感与外在表现就必然会相呼应。内外既然相呼应，就会在行动上有所作为。所以稍加揣度，便排除其外在表现，就称做堵塞漏洞、隐匿头绪、隐蔽实情，他人就无从知晓。这样，事业得以成功而又不会留下后患。隐秘的揣情之术在此处运用，而显著的表现却应在彼处，如此互相呼应，就没有什么事情不会成功。

原 文

古之善摩者，如操钩而临深渊，饵而投之①，必得鱼焉。故曰：主事日成②而人不知，主兵③日胜而人不畏也。圣人谋之于阴④，故曰神；成之于阳⑤，故曰明。所谓主事日成者，积德也，而民安之，不知其所⑥利；积善也，而民道之⑦，不知其所以然，而天下比之

少年读鬼谷子

神明矣。主兵日胜者，常战于不争、不费⑧，而民不知所以服，不知所以畏，而天下比之神明矣。

注释

①饵而投之：即投下鱼饵。

②主事日成：所做的事情每每取得成功。日，每天，这里是常常的意思。

③主兵：用兵打仗。

④谋之于阴：谋事于隐秘之中。阴，暗中，暗地里。

⑤阳：公开地。

⑥所以：表示"……的原因"。

⑦道之：可以理解为"从其道"，意思是人民乐于顺从其道。

⑧战于不争、不费：不经过激烈争斗、不耗费财用，从而战胜于无形之中。

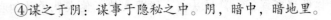

译文

在古代，善于运用揣情之术的人，运用起来就如同拿起钓鱼杆在深水潭边投下鱼饵，一定能钓到鱼。所以说，所进行的事情每每取得成功，而别人却不知道其中的奥秘；用兵打仗每每取得胜利，而别人却不感到畏惧。圣人谋事于隐秘之中，所以被称做神；谋略的成功法却处于光天化日之下，所以被称做明。所谓谋事每每取得成功，首先在于广积德政，而人民得以安居乐业，却不知道为何会如此顺利；其次在于多行善事，而人民乐于顺从，却不知道为什么会这样，普天之下都把他们比做神明。所谓用兵打仗每每取得胜利，其原因则在于主持其事的人常常不经过激烈争斗、不耗费财用，从而战胜于无形之中，而人民却不知道之所以能威慑征服对手的原因，不知道有什么畏惧，普天之下都把他们比做神明。

原 文

其摩也，有以平，有以正，有以喜，有以怒，有以名，有以行，有以廉，有以信，有以利，有以卑。平者，静也。正者，直也。喜者，悦也。怒者，动①也。名者，发②也。行者，成也。廉者，洁也。信者，明也。利者，求也。卑者，谄也。故圣人所独用者，众人皆有之，然无成功者，其用之非③也。故谋莫难于周密，说莫难于悉听④，事莫难于必成，此三者，唯圣人然后能之。故谋必欲周密，必择其所与通者⑤说也，故曰或结而无隙⑥也。夫事成必合于数⑦，故曰道数与时相偶⑧也。说者听必合于情，故曰情合者听。

注释

①动：鼓动。

②发：陶注："名贵发扬，故曰'发也'。"

③用之非：运用的方法不得当。

④悉听：指对方全部听从。悉，全，都。

⑤其所与通者：指那些可以沟通的志同道合者。

⑥结而无隙：结交朋友要亲密无间。

⑦数：天数，即自然规律。

⑧道数与时相偶：天道、术数与天时相配合才可以保证成功。偶。偶合，配合。

译文

　　揣摩的方法，可以有平、正、喜、怒、名、行、廉、信、利、卑等多种。所谓平，就是平静。所谓正，就是正直。所谓喜，就是喜悦。所谓怒，就是鼓动。所谓名，就是名誉。所谓行，就是成功。所谓廉，就是廉洁。所谓信，就是明了。所谓利，就是求取。所谓卑，就是谄媚。所以，圣人善于运用的方法，众人也都能够运用，然而却不能取得成功，就是运用的方法不得当。因此，谋划方略最难莫过于周详缜密，向人游说最难莫过于对方全部听从，做人行事最难莫过于一定成功。这三点，只有圣人才能够做得到。所以说，谋略要做到周详缜密，就必须选择那些可以沟通的志同道合者进行论证，所以说结交朋友要亲密无间。事情要取得成功，就一定要合乎天数即自然规律，所以说天道、术数与天时相配合才可以保证成功。向人游说要想使对方全部听从，说辞就必须与人情相合，所以说情意相合才能够被人听从。

原 文

故物归类①，抱薪②趋③火，燥者先燃；平地注水，湿者先濡④。此物类相应⑤，于势⑥譬犹是⑦也。此言内符之应外摩⑧也如是。故曰：摩之以⑨其类，焉有不相应者？乃摩之以其欲，焉有不听者？故曰：独行之道⑩。夫几者不晚⑪，成而不抱⑫，久而化成⑬。

注 释

①物归类：世上万事万物各归其类。

②薪：柴火。

③趋：趋向，奔向。

④濡：浸润，沾湿。

⑤物类相应：事物如果是同类就会相互呼应。

⑥势：指揣摩的情势。

⑦譬犹是：就像前面说的那样。譬，比喻，比方。是，这样。

⑧内符之应外摩：内心的情意表现于外在行色上，与外在的揣摩之术相呼应。

⑨以：根据，依据。

⑩独行之道：指志向高洁、不随流俗的人才能运用的方法。

⑪几者不晚：通晓细微的征兆和趋势而果断行动的人，不会失去良机。几，指事情的苗头或预兆。

⑫成而不抱：取得成功而不居功自傲。抱，这里有守功、居功的意思。

⑬化成：成功地使教化行之于天下。

译 文

所以说，世上万事万物各归其类。抱着柴薪走向大火，干燥的部分首先燃烧；往平地上倒水，潮湿的地方就首先被浸润。这就是事物同类相应的道理。至于揣摩的情势，也是相同的。也就是说，内心的情意表现于外在行色上，与外在的揣摩之术相呼应。所以说，根据事物的类别运用揣摩之术，哪有不相呼应的道理？依据其内心欲望揣摩其真实情感，哪有不听从的道理？所以说这是志向高洁、不随流俗的人才能运用的方法。通晓细微的征兆和趋势而果断行动的人，不会失去良机，取得成功也不会居功自傲，这样持之以恒，就能够逐步使教化行之于天下。

解 读

本篇是"揣"篇的姊妹篇。本文开篇所言："摩者，符也。内符者，揣之主也。"内心情感的外在表现，这是揣情的根本宗旨。"摩"意为揣摩、体会，指反复观察对方，以推测实情，是"揣"的一种具体方法。换言之，"揣"是要通过"摩"来实现的。

"揣"是分析、探索之术，"摩"则是顺应、符合之术，二者之

和就是"揣摩术"，就是通过别人表现出来的情况去了解他们掩饰的情况。

若想成功的"揣情"，就必须顺应对方的心意，而"摩"就是如何顺应对方心意之术。只有通过对话和观察，从对方的表述和行为中悟出对方的意愿，而后顺着对方的意愿展开，如此一来，双方的"话匣子"就被打开了，只要话投机，就为进一步深入了解内情打下了基础。

那么，应该如何成功地顺应对方的心意呢？

鬼谷子认为："用之有道，其道必隐"，所以首要条件就是要隐秘，不能暴露自己的意图。其次，要知道隐微之道的关键，即"隐貌逃情，而人不知，故成事无患"。总之，"揣情"和"摩意"的规律，都是秘中成事。古时，善于运用"摩术"的人，善于独立思考，能辨察对象的内心欲求，他们就如同湖边垂钓的渔翁一样，投饵藏钩、稳健自得，鱼必上钩。他们之所以能够达到这个境界，是因为熟知"摩术"的具体运用方法——万事从"隐"：顺应对方不可直言不讳，不能就事论事，更不能暴露任何蛛丝马迹。圣人谋事非常隐蔽，神不知鬼不觉，事情就办成了，还不会留下任何后患，这就是"摩术"的高明所在。由于圣人是从道从德之贤者，因此他们在事成后，即使旁人受惠无穷，也无法察觉其原因所在，因为人们无法识破他们的谋略。

如果揣不出对方的实情，就要进一步试探对方，通过对方的反应了解实情。本篇列举了十种"摩"的基本法则，即平、正、喜、怒、名、行、廉、信、利、卑。只要恰当地运用这十种法则，再把规律、技巧和时机紧密结合起来，灵活运用，随机应变，根据对方的情感、秉性进行试探观察，将心比心，将事比事，把握良机付诸行动，就一定能够驾驭他人，乃至驾驭天下。

其实，"摩"的行为方式也是有规律的：首先要顺着对方的话题阐述，找到对方感兴趣的点，断然切入；而后再顺着对方话题，阐述符合对方心意的观点，从中观察对方的实情，把握对方的内心。一旦揣测到对方的真实意图，就要立即制定出相应的策略，并将其准确实施，这样就一定能够办成大事。

总而言之，运用"揣摩之术"的关键就是，在不知不觉中符合对方，巧妙隐藏自己的想法，不能让对方知道自己的真实意图，以免事成后留下后患。

权① 篇

说者，说之也②；说之者，资③之也。饰言④者，假⑤之也；假之者，益损也。应对者，利辞⑥也；利辞者，轻论⑦也。成义⑧者，明⑨之也；明之者，符验⑩也。难言⑪者，却论⑫也；却论者，钓几⑬也。佞言⑭者，谄而干忠⑮；谀言⑯者，博而干智⑰；平言⑱者，决而干勇⑲；戚言⑳者，权而干信㉑；静言㉒者，反而干胜㉓。先意承欲㉔者，谄也；繁称文辞㉕者，博也；策选进谋者，权也；纵舍不疑㉖者，决也；先分不足而窒非㉗者，反也。

①权：权变。

②说者，说之也：游说别人就是为了说服别人。

③资：资助。

④饰言：对说辞加以修饰。

⑤假：借助，这里指借助说辞打动对方。

⑥利辞：指悦耳的巧辩辞令。

⑦轻论：指轻视论说的外交辞令。

⑧成义：指具有义理的言论。

⑨明：明辨真伪。

⑩符验：符合和验证自己的内心情感。

⑪难言：指向别人发难的指责之辞。

⑫却论：诘难、商榷事情。

⑬钓几：诱导、探求事物的精妙之处。钓，诱取。几，隐微。

⑭佞言：指花言巧语。

⑮谄而干忠：通过谄媚以求得忠诚之名。干，求取。

⑯谀言：指谄媚的言辞。

⑰博而干智：通过繁博的虚浮之辞以求得智慧之名。

⑱平言：指平实的言辞。

⑲决而干勇：通过果断不疑的言辞以求得刚勇之名。

⑳戚言：指忧愁的言辞。

㉑权而干信：通过运用智谋以求得信任。

㉒静言：指镇静的言辞。

㉓反而干胜：通过反攻别人以求得胜利之名。

㉔先意承欲：曲意奉承以满足对方的欲望。

㉕繁称文辞：文辞繁复虚浮。

㉖疑：犹疑，犹豫不决。

㉗先分不足而窒非：陶注："己实不足，不自知而内讼，而反

攻人之过，窒他谓非。"意思是自己先分不足反而指责他人的过失。窒，阻塞。

游说，就是为了说服别人；而说服别人，就是为了对别人有所资助。对说辩加以修饰，目的是假借这些说辞打动对方；假借经过修饰的说辞，是因为遇事要有所损益。应承对答的辞令，是一种悦耳的巧辩辞令；巧辩辞令，是一种轻视论说的外交辞令。具有义理的言论，目的在于明辨真伪；而明辨真伪，目的在于符合和验证自己的内心情感。向别人发难的指责之辞，意在诘难、商榷事情；而诘难、商榷事情，意在诱导、探求事物的精妙之处。花言巧语，是通过谄媚以求得忠诚之名；而谄媚之言，是通过繁博的虚浮之辞以求得智慧之名；平实之言，是通过果断不疑的言辞以求得刚勇之名；忧愁之言，是通过运用智谋以求得信任；镇静陈说，是通过反攻别人以求得胜利之名。曲意奉承，满足对方欲望，就是谄；文辞繁复虚浮，就是博；策划选择，运用智谋，就是权；纵使舍弃也毫不犹豫，就是决；掩饰自己之不足，反而指责他人的过失，就是反。

原文

故口者，几关①也，所以②关闭情意③也。耳目者，心之佐④助也，所以窥瞷⑤奸邪。故曰："参调而应，利道而动⑥。"故繁言而不乱⑦，翱翔而不迷，变易⑧而不危⑨者，睹要⑩得理⑪。故无目者，不可示以五色⑫；无耳者，不可告以五音⑬。故不可以往者，无所开之也⑭；不可以来者，无所受之也⑮。物有不通者，故不事也⑯。古人有言曰："口可以食，不可以言。"言者有讳忌也；"众口铄⑰金"，言有曲⑱故也。

注释

①几关：即机关。

②所以：表示"用来……的东西"。

③关闭情意：宣布和封锁内心的情意。

④佐：辅助，帮助。

⑤窥瞷：窥视。

⑥参调而应，利道而动：口、耳、目三者相互协调和呼应，从而向着有利的道路发展。"参"与"叁"在古代通用。动，这里是发展的意思。

⑦不乱：这里指思绪并不紊乱。

⑧易：改变。

⑨不危：这里指不发生危机。

⑩要：要旨。

⑪得理：把握了规律。理，道理，规律。

⑫五色：即青、黄、赤、白、黑五种颜色。

⑬五音：指五声音阶中的宫、商、角、徵、羽五个音级。

⑭不可以往者，无所开之也：陶注："此不可以往说于彼者，
为彼暗滞无所可开也。"意思是不能前去游说君王，是由于他们昏
聩不开窍，没有可以启发的基础。往，这里指前去游说君王。开，
开导，启发。

⑮不可以来者，无所受之也：陶注："彼所不来说于此者，为
此浅局无所可受也。"意思是别人不到这里前来游说，是由于这
里没有接受游说的基础。来，这里是使动用法，使……来。受，
接受。

⑯物有不通者，故不事也：陶注："夫浅局之与暗滞，常闭塞
而不通，故圣人不事也。"意思是大凡事物有不通达的，圣人就不
会去从事。通，通达。

⑰铄：熔化金属。

⑱曲：曲解。

译文

所以说，口是人体的一个机关，可以用来宣布和封锁内心的
情意。耳朵和眼睛是心灵的助手，是用来察知、发现奸诈邪恶的。
所以说口、耳、目三者相互协调和呼应，从而向着有利的道路发
展。因此，言辞繁复而思绪并不紊乱，自由翱翔而并不迷惑，改易
变化而不发生危机，关键在于抓住了要旨、把握了规律。所以没有

眼力的人，不能展示五彩给他看；没有听力的人，不能弹奏五音给他听。因而不能前去游说君王，是由于他们昏聩不开窍，没有可以启发的基础；别人不到这里前来游说，是由于这里没有接受游说的基础。大凡事物有不通达的，圣人就不会去从事。古人有句话说："口可以用来吃东西，却不可以用来说话。"这是因为说话有很多顾忌和隐讳。"众口一致的言辞可以把金属熔化"，这是因为言语有所偏差和曲解的缘故。

原　文

人之情，出言则欲听[①]，举事[②]则欲成。是故智者不用其所短，而用愚人之所长；不用其所拙，而用愚人之所工[③]，故不困[④]也。言其有利者，从其所长也；言其有害者，避其所短也。故介虫[⑤]之捍[⑥]也，必以坚厚[⑦]。螫虫之动也，必以毒螫[⑧]。故禽兽知用其长，而谈者[⑨]亦知用其用也。

注　释

①听：这里是使动用法，使……听从。

②举事：这里指办理事情。

③工：工巧。

④困：陷于困窘的境地。

⑤介虫：即甲虫。

⑥捍：抵御。

⑦坚厚：这里指其坚厚的外壳。

⑧毒螫：指蜜蜂、胡蜂等尾部的毒刺。

⑨谈者：指靠言谈游说的人。

 译 文

　　人之常情，说出话来就希望让对方听从，办理事情就希望获得成功。因此，聪慧的人就不用自己的短处，而宁肯用愚笨之人的长处；不用自己笨拙的方面，而宁肯用愚笨之人工巧的方面。这样做就不会陷于困窘的境地。这就是说，于我有利的，就顺从其所长的一面；于我有害的，就回避其所短的一面。所以甲虫抵御外来的侵害，必定要依靠自己坚厚的外壳；螫虫采取行动时，必定要用自己的毒刺。禽兽之类尚且知道运用其长处，而靠言谈游说的人也就更应运用自己该用的方法。

原 文

　　故曰：辞言有五，曰病，曰怨，曰忧，曰怒，曰喜。病者，感衰气而不神①也；怨者，肠绝而无主②也；忧者，闭塞而不泄③也；怒者，妄动而不治④也；喜者，宣散而无要⑤也。此五者，精则用之，利则行之。故与智者言，依于博；与拙者言，依于辩；与辩者言，依于要；与贵者言，依于势；与富者言，依于高；与贫者言，依于利；与贱者言，依于谦；与勇者言，依于敢⑥；与过者⑦言，依于锐⑧。此其术也，而人常反之⑨。是故与智者言，将以此明之；与不智者言，将以此教之，而甚难为也。故言多类⑩，事多变。故终日言，不失其类，故事不乱。终日不变，而不失其主⑪，故智贵不妄⑫。听贵聪，智贵明，辞贵奇。

注释

①感衰气而不神：言谈时感到气力衰竭而没有精神。

②肠绝而无主：言谈时情伤断肠而没有主见。绝，断的意思。

③闭塞而不泄：言谈时忧郁闭塞而不能宣泄。泄，宣泄。

④妄动而不治：言谈草率妄动而没有条理。治，与"乱"相对，有条理，有秩序。

⑤宣散而无要：言谈飘然宣散而不得要领。要，要领。

⑥敢：果敢。

⑦过者：进取的人。

⑧锐：坚决。

⑨反之：反其道而用之。

⑩言多类：言谈的方法很多。类，种类，类别。

⑪主：主旨。

⑫智贵不妄：聪慧之人的可贵之处就是不致紊乱。妄，胡乱。

译文

所以说，游说辞令有五种情况，即病言、怨言、忧言、怒言、喜言。病言，就是言谈感到气力衰竭而没有精神；怨言，就是言谈情伤断肠而没有主见；忧言，就是言谈忧郁闭塞而不能宣泄；怒言，就是言谈草率妄动而没有条理；喜言，就是言谈飘然宣散而不得要领。以上这五种情况，精通而后可用，有利而后可行。所以与聪慧之人交谈，依靠的是知识渊博；与笨拙之人交谈，依靠的是雄辩；与巧辩之人交谈，依靠的是得其要领；与尊贵之人交谈，依靠的是气势；与富有之人交谈，依靠的是高雅；与贫穷之人交谈，依靠的是利益；与卑贱之人交谈，依靠的是谦和；与勇敢之人交谈，依靠的是果敢；与进取之人交谈，依靠的是坚决。

这些都是言谈的方法，而人们常常会反其道而用之。因此，与聪慧之人交谈，就运用这些方法阐明道理；与不够聪慧的人交谈，就运用这些方法加以教诲。然而，实际上是很难做到的。所以言谈的方法很多，而事物也是千变万化的。因而整日言谈而不失其基本方法，做事也不会出现混乱。终日言谈不加变化，就不会失去主旨，所以聪慧之人的可贵之处就是不致紊乱。听言贵在聪敏，智慧贵在高明，言辞贵在奇妙。

解读

所谓的"权"就是权衡。鬼谷子是先秦纵横的先驱，精于游说之道，本篇就主要讨论了如何审时度势，进行游说，并阐述了游说的原则和方法。

语言是游说的手段，而事情的真实情况则是游说的基础。选择对象乃是游说之本，因为通过对方的言辞可以揣测出他的内心情感、品性、欲望、企图。在掌握了对方的基本情况后，就要凭借自己的长处，控制对方。

鬼谷子认为："故口者，机关也，所以关闭情意也。耳目者，心之佐助也，所以窥间见奸邪。"由此可见，口是发出言辞的机关，是用来打开和关闭情意的。不过，说是需要技巧的，不能太过直白，既不能暴露自己的内心世界，又要赢得别人的信任，还要揣测出别人的内心世界。要达到这一境界，还要借助于耳朵和眼睛，因为耳朵和眼睛是心灵的辅助器官，是用来窥探破绽、侦察奸邪的。所以说，只有心、眼、耳三者协调呼应，各司其职，按照统一谋略，有计划、有步骤地完成各自的使命，事情才能向着有利的方向发展。

篇中指出："人之情，出言则欲听，举事则欲成。是故智者不用其所短而用愚人之所长；不用其所拙而用愚人之所工，故不困也。言其有利者，从其所长也；言其有害者，避其所短也。故介虫

之捍也，必以坚厚；螯
虫之动也，必以毒螯。
故禽兽知用其长，而
谈者亦知其用而用也。"
这里，鬼谷子阐述了一
个中国人重要的哲学
思想——"扬长避短"。
在游说过程中，一定要
注意扬长避短，因为任
何人都有短处，只有找
出对方的短处，采用相

应的游说方法，凭借自己的长处控制对方，才能进一步实施攻破对
方心理防线的计划。自古以来，大智慧的人会回避自己的短处，而
采纳别人的长处；会回避自己笨拙的地方而采用别人的专业特长。
正因为如此，他们从来不会让自己陷入困境，总能成大事。

　　另外，必须意识到游说的目的是对付对方，所以要善于依据
对方的意图，有选择地使用佞言、谀言、平言、戚言、静言进行游
说。游说过程中，要充分发挥口、耳、目三者的作用，适时展开游
说，仔细观察，谨慎巧辩。还要注意病言、怨言、忧言、怒言、喜
言五种游说辞令的运用，只有精通后才能使用，只要有利就可以
实行。

谋 篇

　　为人凡谋有道①。必得其所因②，以求其情③。审④得其情，乃立三仪。三仪者，曰上，曰中，曰下⑤。参以立焉，以生奇⑥。奇不知其所壅⑦，始于古之所从⑧。故郑人之取玉也，载司南之车⑨，为其不惑⑩也。夫度材、量能、揣情者，亦事之司南也。故同情而相亲者，其俱成者也；同欲而相疏者，其偏害⑪者也；同恶⑫而相亲者，其俱害⑬者也；同恶而相疏者，偏害者也。故相益则亲，相损则疏，其数行也⑭。此所以⑮察同异之分，其类一也。故墙坏于其隙，木毁于其节，斯⑯盖其分也。故变生事，事生谋，谋生计，计生议，议生说⑰，说生进⑱，进生退⑲，退生制⑳，因以制于事㉑。故百事一道㉒，而百度一数㉓也。

　　①道：规律，法则。

　　②得其所因：求得事情的因由。

　　③求其情：掌握其实际情况。

84

④审：审察，弄清楚。

⑤上：上智。中：中才。下：下愚。

⑥参以立焉，以生奇：三者综合分析，就可以产生奇谋。

⑦奇不知其所壅：陶注："奇计既生，莫不通达，故不知其所壅蔽。"意思是奇谋运用起来是没有什么可以壅弊的。壅，壅弊。

⑧始于古之所从：这是从古代的事例中得到的启示。

⑨司南之车：即指南车，车上装有磁石，指以南方，古人常以此为基准作为行军时的向导。

⑩惑：迷失方向。

⑪偏害：一方获得成功而另一方受到损害。

⑫恶：被动用法，指被厌恶，被憎恨。

⑬俱害：两败俱伤，同受损害。

⑭其数行也：这是符合事物的规律而经常发生的情况。数，法则，规律。

⑮所以："用来……的根据"。

⑯斯：这。

⑰说：指解决问题的主张和办法。

⑱说生进：有了解决问题的主张和办法就将其正确地进行采用。

⑲进生退：如果发现这些主张和办法有不完善的地方就要退回

来加以补充完善。

⑳制：规章，制度，法则。

㉑因以制于事：将这些制度、法规用来指导和制约事物的发展。

㉒百事一道：万事万物都具有同样的道理。百事，指世间的万事万物。

㉓百度一数：各种法度都有着一定的法则。百度，指各种法度。

译 文

大凡为人策划谋略，都有一定的规律和法则。一定要先求得事情的因由，然后才能掌握其实际情况。考察并掌握了实际情况之后，才可以确立三仪。所谓三仪，就是上智、中才和下愚。三者综合分析，就可以产生奇谋。奇谋运用起来是没有什么可以壅弊的，这是从古代的事例中得到的启示。郑国人入山采玉石，要带着指南之车，为的是不致迷失方向。而揣度才干、衡度能力、

揣测实情，也就好比是谋划事情的指南之车。情意相同而关系密切的人，谋划事情都会很成功；愿望相同又关系疏远的人，则会有一方获得成功而另一方受到损害；同受憎恨而又关系密切的人，则必然会两败俱伤，同受损害；同受憎恨而又关系疏远的人，则必然只有一方受到伤害。所以说，相互有益则相亲近，相互有害则相疏远，这是符合事物的规律而经常发生的情况。这也是用来判断同异的根据，同类事物的道理是一样的。墙壁的损坏是从裂缝开始的，树木的损坏是从节疤处开始的，这大概就是事物的共同规律。所以，有了事物的发展变化就会产生事端，有了事变就会产生谋略，有了谋划才会产生解决事端的计划，有了计划就要通过详细的论证，经过论证才会产生解决问题的主张和办法。如果这些主张和办法是正确的就加以采用，如果发现有不完善的就要退回来加以补充完善，从而确立正确的法则，可以用来指导和制约事物的发展。万事万物都具有同样的道理，而各种法度也都有着一定的法则。

原　文

　　夫仁人轻货，不可诱以利，可使出费；勇士轻难，不可惧以患^①，可使据危^②；智士达于数^③，明于理^④，不可欺以不诚，可示以道理，可使立功。是三才也。故愚者易蔽^⑤也，不肖者^⑥易惧也，贪者易诱也。是因事而裁之^⑦。故为强者积于弱也，为直者积于曲也，有余者积于不足也，此其道术行也。

①惧以患：用祸患相恐吓。惧，这里是使动用法，使……惧怕。患，祸患。

②据危：据守危险之地。

③达于数：通达数术。

④明于理：明晓物理。

⑤蔽：这里是被动用法，被蒙蔽。

⑥不肖者：品行不端的人。

⑦因事而裁之：要根据具体情况加以裁断。因，根据。

译文

有仁义之心的人轻视财货，不能以利益相引诱，而可以让他们捐助财物；勇敢的壮士轻视危难，不能用祸患相恐吓，而可以让他们据守危险之地；有智慧的人通达数术、明晓物理，不能用不诚实的言行相欺骗，而可以向他们说明道理，使他们去建功立业。这是三种有才干的人。所以愚笨的人容易被蒙蔽，品行不端的人容易被恐吓，贪婪的人容易被利诱，所有这些都要根据具体情况加以裁断。所以强大是由弱小发展而来的，壮直是由弯曲积累而成的，有余是由不足积累而成的。这就是道术的具体表现。

原 文

　　故外亲而内疏者说内[①]，内亲而外疏说外[②]。故因其疑以变之，因其见[③]以然[④]之，因其说以要[⑤]之，因其势以成之，因其恶[⑥]以权[⑦]之，因其患[⑧]以斥[⑨]之。摩而恐之[⑩]，高而动之[⑪]，微而证之[⑫]，符而应之[⑬]，拥而塞之，乱而惑之，是谓计谋。计谋之用，公不如私[⑭]，私不如结[⑮]，结，比[⑯]而无隙者也。正不如奇[⑰]，奇，流而不止者也[⑱]。故说人主者，必与之言奇[⑲]；说人臣者，必与之言私[⑳]。

注 释

①说内：用得当的说辞打动其内心。

②说外：要从外部着手进行游说。

③见：同"现"，表现。

④然：对其加以肯定。

⑤要：概括，总结。

⑥恶：这里指缺陷。

⑦权：权衡。

⑧患：忧患。

⑨斥：排除。

⑩摩而恐之：运用揣摩的方法予以恐吓。

⑪高而动之：用高远的言论予以感动。

⑫微而证之：稍微采取一些行动印证自己的说辞。

⑬符而应之：运用内符之术加以验证。

⑭公不如私：公开策划不如隐秘筹谋。

⑮私不如结：秘密筹谋不如同心相结。

⑯比：亲密无间。

⑰正不如奇：循常规不如用奇计。

⑱奇，流而不止者也：奇计的运用如同流水般奔腾而不可阻止。

⑲言奇：进献奇策。

⑳言私：要说关乎其切身利益的言辞。

译 文

因此，对于表面亲近而内心疏远的人，游说者要用得当的说辞打动其内心；对于内心亲近而表面疏远的人，游说者要从外表着手，从而达到表里如一。所以，要根据对方的疑惑改变说辞，根据对方的表现加以肯定，根据对方的说法加以总结，根据对方所处的趋势予以成就，根据对方的缺陷加以权衡，根据对方的忧患予以排除。要运用揣摩的方法予以恐吓，用高远的言论予以感动，稍微采取一些行动印证自己的说辞，运用内符之术加以验证，制造障碍予以堵塞，制造混乱使之迷惑，这些都是运用计谋。计谋的运用，公开策划不如隐秘筹谋，而秘密筹谋不如同心相结，同心相结就亲密无间，可以做到无隙可乘。循常规不如用奇计，奇计的运用如同流水般奔腾而不可阻止。所以游说君主，一定要向他进献奇策；游说大臣，一定要关乎其切身利益。

原文

其身内、其言外者疏①，其身外、其言内者危②。无③以人之近所不欲，而强④之于人；无以人之所不知，而教之于人。人之有好也，学而顺之；人之有恶也，避而讳之；故阴道⑤而阳取⑥之也。故去⑦之者纵⑧之，纵之者乘⑨之。貌者不美，又不恶，故至情托焉⑩。可知者，可用也；不可知者，谋者所不用也。

注释

①其身内、其言外者疏：陶注："身在内，而言外泄者，必见疏也。"意思是身处亲密地位而说话却虚伪而见外，就会逐渐被疏远。疏，这里是被动用法，被疏远。

②其身外、其言内者危：陶注："身居外，而言深切者，必见

91

危也。"意思是身处疏远地位而说话却深切内情，毫无顾忌，就会非常危险。

③无：同"毋"，不，不要。

④强：强加。

⑤阴道：通过隐秘的方式。

⑥阳取：公开地获取。

⑦去：祛除。

⑧纵：放纵。

⑨乘：乘机，这里的意思是乘机采取行动。

⑩貌者不美，又不恶，故至情托焉：陶注："貌者，谓察人之貌以知其情也。谓其人中和平淡，见善不美，见恶不非，如此者可以至情托之，故曰'至情托'焉。"意思是通过考察人的形貌以知其真情，如果其人中和平淡，见善不美，见恶不非，就可以深情相托。

译 文

身处亲密地位而说话却虚伪而见外，就会逐渐被疏远；身处疏远地位而说话却深切内情，毫无顾忌，就会非常危险。不要把别人所不愿接受的事情强加于人，不要用别人所不知道的事情去教诲别人。别人有所喜爱，就可以学习并迎合顺从；别人有所厌恶，就可以加以回避以免引起不快。所以通过隐秘的方式进行，而公开地获取效果。因此，要想祛除，就先放纵，放纵之后再乘机采取行动。

通过考察人的形貌以知其真情，如果其人中和平淡，见善不美，见

恶不非，就可以深情相托。可以知心的人，就可以重用；不可以知

心的人，善于谋划的人是不会重用他的。

原　文

　　故曰："事贵制人，而不贵见①制于人。"制人者，握权②也；见制于人者，制命③也。故圣人之道阴④，愚人之道阳⑤。智者事易，而不智者事难。以此观之，亡不可以为存，而危不可以为安，然而无为而贵智⑥矣；智用于众人之所不能知，而能用于众人之所不能见。既⑦用见可否，择事而为之，所以自为也；见不可，择事而为之，所以为人也。故先王之道阴，言有之曰："天地之化，在高与深，圣人之制道⑧，在隐与匿。非独忠信仁义也，中正⑨而已矣。"道理达于此义者，则可与言。由能得此，则可与縠远近之义⑩。

注　释

　　①见：表示被动，相当于"被"。

　　②握权：掌握了事情的主动权。

　　③制命：命运掌握在别人手中。

　　④阴：暗中，暗地里。

　　⑤阳：公开地，这里指做事张扬。

谋篇

⑥无为而贵智：陶注："今欲存其亡、安其危，则他莫能为，惟智者可矣，故曰'无为而贵智'矣。"意思是精通谋略的智者就能够有所作为。

⑦既：表示"……之后"。

⑧制道：处世的法则。制，致事，处事。

⑨中正：这里指合于事理的中正之道。

⑩由能得此，则可与毂远近之义：陶注："毂，养也。若能得此道之义，则可与居大宝之位，养远近之人，诱于仁寿之域也。"意思是可以以道义感召远近四方，从而成就天下事业。

译文

所以说，行事贵在控制别人，而不是被别人所控制。所谓控制别人，就是掌握了事情的主动权；所谓被人控制，就是命运掌握在别人手中。所以圣人立身处世的法则是隐秘谋划，而愚笨之人立身处世的法则是事事张扬。聪慧的人行事容易，而愚笨的人行事就很困难。由此看来，国家一旦灭亡就很难复兴图存，国家一旦处于危难之中就很难转危为安，然而精通谋略的智者就能够有所作为。智慧可以运用到普通大众所不能知晓的地方，而才能可以运用到普通大众所不能发现的地方。智慧和才能运用到实际中后，就可以发现可行或者不可行。如果可行，就选择事情去做，这是为了自己去做；如果不可行，也选择事情去做，这是为了别人去做。所以古圣先王行事的法则隐秘，有这样一句话说："天地自然的造化，在高深玄妙；圣人处世的法则，在隐秘藏匿。不仅仅是忠、信、仁、义，而是寻求合于事理的中正之道罢了。"只有通达了这一境界道理的人，才可以同他谈论大事。能够掌握这一法则，就可以以道义感召远近四方，从而成就天下事业。

解读

"谋"，即是谋划，这里的"谋"，主要阐述了游说时的方法：要根据对方的疑惑，来改变自己游说的内容；要根据对方的表现，来顺应他的意愿；要根据对方的答辞，来确定游说的要点；要根据情势的变化，来达到游说的效果；要根据对方的憎恶，来权衡变通；要根据对方的担忧，来设法排除。

鬼谷子认为："为人凡谋有道，必得其所因，以求其情。"因此，在谋划的时候，一定要顺应天地自然和人道的法则，做到主观与客观相统一。

文中所言："计谋之用，公不如私，私不如结，结比而无隙者也。正不如奇，奇流而不止者也。故说人主者，必与之言奇；说人臣者，必与之言私。"这里，鬼谷子阐述了如何使计谋顺利实施的方法：首先，公开不如保密，保密不如结党，结党密谋可以疏而不漏，符合隐秘之道，所以能够做到无懈可击。其次，遵循常理不如用出奇制胜的"奇谋"，实行奇策就能左右逢源，无往不胜。所以，游说君主时，必须用出乎意料的言论，更能引起他的关注；游说大

臣时，必须围绕对他切身利益相关的话题展开谈话，以引起他的重视，但要用得隐蔽。

古往今来，但凡谋大事必成者都以事情的起因为突破口，探求出对方的真实情况，为下一步谋划应变对策、制定谋略打下良好的基础。那么，如何详细地探求对方的实情呢？

鬼谷子告诉我们：在制定谋略的时候，必须根据事情的起因及其发展的原委，制定出"三仪"，即上智、中才、下愚。"三仪"确定后，就要根据具体情况，做具体分析，以便谋划出切实可行的应变对策。

在现实生活中，存在形形色色的人，所以要学会根据不同对象的性格特点和心理特征采取不同的谋略。对于不同的人要随时改变游说的技巧。比如，对那些外表亲善而内心疏远的人，要从内入手进行游说；对那些内心亲善而外表疏远的人，要从外部入手进行游说。另外，在使用计谋时，一定要根据交往的程度，不要强加于人，而是要顺应对方的意愿；同时，还要抓住对方的心理，尤其要注意计谋的隐秘和周详，这样才有可能出奇制胜。

决 篇

原 文

为人凡决①物，必托于疑者，善其用福，恶其有患②。善至于诱③也，终无惑，偏有利焉；去其利，则不受④也，奇⑤之所托。若有利于善者，隐托于恶⑥，则不受矣，致疏远。故其有使失利⑦者，其有使离⑧害者，此事之失。

注 释

①决：决断，决策。

②善其用福，恶其有患：陶注："凡人之情，用福则善，有患则恶，福患之理未明，疑之所由生，故曰'善其用福，恶其有患'。"意思是人之常情是有了福祉就高兴，有了祸患就厌恶。

③诱：这里指诱导对方透出实情。

④受：这里是被动用法，被接受。

⑤奇：这里指奇谋妙策。

⑥隐托于恶：这种利益隐藏在表面不利，甚至有祸患的形式在里面。

⑦失利：丧失利益。

⑧离：遭受。

译文

大凡为人决断事物疑难，一定是根据对事物的疑问，人之常情是有了福祉就高兴，有了祸患就厌恶。善于决断的人，首先诱得实情，然后加以定夺，自然不会产生困惑而只会使其受益；如果这种决断不能带来利益，就不会被接受，这就需要凭借这种情况制定奇谋妙策。这种决策尽管可以给人们带来福祉和利益，但这种利益是隐藏在表面不利甚至有祸患的形式里面的，对方自然不予理解和接受，还会导致关系逐渐疏远。所以对事物的决断，有的会使人丧失利益，有的会使人遭致祸害，这都是行事失败的表现。

原文

圣人所以能成其事者有五：有以阳德之①者，有以阴贼之②者，有以信诚之③者，有以蔽匿之④者，有以平素之⑤者。阳⑥励于一言⑦，阴⑧励于二言⑨，平素枢机以用四者，微而施之⑩。于是⑪度以往事，验之来事，参之平素，可则决之；公王大人之事也，危而美名⑫者，可则决之；不用费力而易成者，可则决之；用力犯勤苦⑬，然不得已而为之者，可则决之；去患者，可则决之；从福⑭者，可则决之。故夫决情定疑⑮万事之机⑯，以正乱治决成败，难为者。故先王乃用蓍龟⑰者，以自决也。

注释

①以阳德之：以正面手段进行道德教化。德，这里作动词用，

进行道德教化的意思。

②以阴贼之：以阴谋诡计进行残害。贼，残害。

③以信诚之：以诚信仁义相感召。诚，这里作动词用，可以解释为感召。

④以蔽匿之：以隐蔽的手段藏匿真心。

⑤以平素之：平和沉静，遵循常理。

⑥阳：即君道。

⑦励于一言：以一言相勉励，一言就是无为。

⑧阴：即臣道。

⑨励于二言：以二言相勉励，二言就是有为。

⑩微而施之：将四者微妙配合以进行决断。

⑪于是：在这个时候。

⑫危而美名：事业崇高，由此可得美名。

⑬用力犯勤苦：劳心费力而又辛勤劳苦。犯，触犯，这里引申为劳用。

⑭从福：追求、获致幸福。

⑮定疑：解决疑难。

⑯机：关键，要点。

⑰蓍龟：蓍草和龟甲，都是古人用来占卜的工具。

 译 文

圣人之所以能够成就事业，其途径和方法有以下五种：有的正大光明，以道德进行教化；有的阴谋秘计，以权术进行残害；有的诚信仁义，以诚心相感召；有的隐蔽掩饰藏匿真心；有的平和沉静，遵循常理。"阳"即君道，以一言相勉励，一言就是无为；"阴"即臣道，以二言相勉励，二言就是有为。一言、二言、平素、枢机四种方法参验使用，微妙配合，决断就会合于事理。在这个时候，揣度往事，推演未来，再参考往常的情况，如果可行就作出决断；王公大臣的事情，如果事业崇高，由此可得美名，可行的话就可以作出决断；不用花费太多精力就可以获得成功的事情，可行的话就可以作出决断；劳心费力而又辛勤劳苦，却又不得不做的事情，可行的话就可以作出决断；消除祸患的事情，可行的话就可以作出决断；追求、获致幸福的事情，可行的话就可以作出决断。所以说，判断实情、解决疑难是成就万事的关键，可以用来拨乱反正、决定兴衰成败，然而却是很难做到的。所以古圣先王在重大行动之前要借蓍草、龟甲进行占卜，也是为了帮助自己作出决断。

解读

所谓的"决"就是决定、决断。在现实生活中，准确地决策有着举足轻重的作用。我们常说："当断不断，反受其乱。"可见，正确的决断是何等重要。本篇就是围绕这一论题阐述了决断的必要性和重要性以及决断的原则和方法。

本文开篇指出了决断的起因："为人凡决物，必托于疑者。"凡是要做决断，是因为存有疑虑。大千世界纷繁复杂，变化多端，处处都充满着疑虑。当面对疑虑时，人们都希望自己具有未卜先知的能力，以便趋吉避凶，做出最正确的抉择，这就是决断的重要意义。

　　人生在世，人们总是希望遇到好事，厌恶遇上灾祸，这是人之常情。其实，即使不利有害的事情，通过循循善诱最终也不会让人陷入疑惑。事物总是存在利益，失去利益就不会被接受，这就是运用奇谋的基础。如果决策表面是做善事，而实际上却暗中作恶，这样是不会被别人接受的，最终还是招致疏远。所以，决策让人失去利益，使人遭遇危害，就是决断的失败。

　　鬼谷子在本篇列举了五种决策的方法：公开、隐蔽、诚信、掩饰和常规，即用公开的感化决断、用隐蔽的谋略决断、用诚信的方法决断、用掩饰的计策决断、用常规的手法决断。需要强调的是，在决断事物时，一定要遵循决策原则："度以往事，验之来事，参之平素"，即实施公开感化的方法，应该坚持守常如一；实施隐蔽谋划的方法，要变化多端；再配合常规的方法、技巧的手法，这四种方法都要微妙地综合运用。这样在下决断的时候，就可以用以往的事情来衡量，以便为未来的事情做验证，再参考日常的情况，如果可行，就可以做出决断。圣人之所以能够成就大业，就是因为他们用这五种方法来"决情定疑"，理断万物。

另外，文中还指出，决策关系到"正乱治、决成败"，这就提醒决策者要认识到决断实情、解决疑难是万事的关键；在一定条件下，能够决策的事物就要迅速决断，以免错失时机；在决断事情时必须慎重，这样才能做出正确决断。可以说，这些观点都是当代决策科学中的瑰宝。

符言①

原　文

安徐正静②，其被节无不肉③。善与④而不静⑤，虚心平意，以待倾损⑥。有主位。

注　释

①符言：陶注："发言必验有若符契，故曰'符言'。"符，古代朝廷传达命令或征调兵将用的凭证，双方各执一半，以验真假。

②安：安详。徐：从容。正：正直。静：沉静。

③被节无不肉：陶注："被，及也。肉，肥也，谓饶裕也。言人若居位能安、徐、正、静，则所及人节度，无不饶裕。"意思是为人处世就可以左右逢源，游刃有余。

④与：交际，交往。

⑤静：沉静无为。

⑥以待倾损：以防备倾覆和损害。待，这里是防备的意思。

译　文

一个人如果能达到安详、从容、正直、沉静的境界，那么他为人处世就可以左右逢源，游刃有余。要善于交际而不沉静无为，内心谦虚、意志平和，以防备倾覆和损害。以上所说是君王安于本位的道理。

原文

目贵明，耳贵聪，心贵智。以天下之目视①者，则无不见；以天下之耳听者，则无不闻；以天下之心虑者，则无不知。辐辏②并进，则明不可塞③。有主明。

注释

①以天下之目视：以天下人的眼睛去看。

②辐辏：像车轮的辐条都集向车毂一样。

③明不可塞：君王的视听如日月照临，不会被阻塞和蒙蔽。

译文

眼睛贵在明亮，耳朵贵在聪敏，心灵贵在智慧。以天下人的眼睛去看，就没有看不到的东西；以天下人的耳朵去听，就没有听不到的声音；以天下人的心灵去思考，就没有不知道的事情。这样，就可以像车轮的辐条都集向车毂一样天下归心，君王的视听如日月照临，不会被阻塞和蒙蔽。以上所说的是君王明察秋毫的道理。

原文

听之术，勿坚而拒之。许之则防守①，拒之则闭塞②。高山仰之可极③，深渊度之可测④。神明之听术，正静其莫之极⑤欤！有主听。

注 释

①许之则防守：采纳进言，民众就会拥护和捍卫君王。

②拒之则闭塞：拒绝进言，君王就会闭目塞听。

③极：看到其顶点。

④度：度量。测：测量。这里"度"表示行为，"测"表示结果。

⑤莫之极：达不到其顶点。

译 文

听取别人进言的方法是：不要固执己见而排拒对方。采纳进言，民众就会拥护和捍卫君王；拒绝进言，君王就会闭目塞听。山峰虽高，但仰而望之就会看到其顶点；深渊虽深，但经过测量仍可以获知其深度。神明的君王，其听言之术正直沉静，高深玄妙，是深不可测的。以上所说的就是君王端正视听的道理。

原 文

用赏贵信，用刑贵正。赏赐贵信，必验耳目之所见闻。其所不见闻者，莫不暗化①矣。诚②畅于天下神明，而况奸者干③君？有主赏。

注 释

①莫不暗化：没有不自然而然地为人民所认可和接受的。暗，

默默地。

②诚：表示假设，果真，如果确实。

③干：冒犯，这里引申为加害。

译 文

施行奖赏，贵在坚守信用；施行刑罚，贵在公正无私。奖赏和赐予贵在坚守信用，就必须以耳目所闻见的情况加以验证，即使没有经过耳闻目睹的情况，也会自然而然地为人民所认可和接受。如果确实能够做到奖赏守信，刑罚公正，从而畅行于天下，如有神明保佑，那么奸邪之人加害君王的企图，怎么会得逞呢？以上所说的就是君王赏必守信的道理。

原 文

一曰天之，二曰地之，三曰人之①。四方、上下、左右、前后，荧惑②之处安在？有主问。

注 释

①一曰天之，二曰地之，三曰人之：陶注："天有逆顺之纪，地有孤虚之理，人有通塞之分，有天下者宜皆知之。"意思是君王要上知天时、下知地利、通晓人事。

②荧惑：指象征吉凶祸福的荧惑之星。

译 文

一是上知天时，二是下知地利，三是通晓人事。这样，四方、上下、左右、前后，各种因素都通晓明白，那么象征吉凶祸福的荧惑之星又会在何处呢？以上所说的就是君王不耻下问、全面了解情况的道理。

原文

心为九窍①之治②，君为五官③之长。为善者君与之赏，为非者君与之罚。君因其政之所以求④，因与之，则不劳⑤。圣人用之，故能掌之。因之循理⑥，固能长久。有主因。

注释

①九窍：人之口、两耳、两眼、两鼻孔、两便孔为九窍。

②治：统治，这里引申为主宰的意思。

③五官：即司徒、司马、司空、司士、司寇，或谓司徒、司马、司空、司寇、宗伯，泛指百官。

④因其政之所以求：根据百官行政的具体情况。

⑤不劳：不费心力。

⑥循理：遵循事理。

译　文

心是九窍运行的主宰，君王是百官的首领。做善事，君王就予以奖赏；做恶事，君王就予以刑罚。君王根据百官行政的具体情况，给予赏赐或处罚，就不会大费心力。圣人运用这种方法，所以能够掌握他们。这样因势利导、遵循事理，统治才能够长久。以上所说的就是君王因循事理、驾驭臣民的道理。

原　文

人主不可不周。人主不周，则群臣生乱。家于其无常也[①]，内外不通[②]，安知所开？开闭不善，不见原[③]也。有主周。

注　释

①家于其无常也：国家发生祸乱，群臣执掌无常。

②内外不通：君臣上下之间无法沟通。

③原：事物的本原。

译　文

做君王的不可不缜密周详，不缜密周详，群臣就会发生祸乱。国家发生祸乱，群臣执掌无常，君臣上下之间无法沟通，怎么知道事情的开启闭藏呢？不善于用开启闭藏之术，就不能发现事物的本原。以上所说的就是君王缜密周详的道理。

原文

一曰长目①，二曰飞耳②，三曰树明③。千里之外，隐微之中，是谓洞④。天下奸，莫不暗变更⑤。有主参。

注释

①长目：君王要用天下人的眼睛去看东西。

②飞耳：君王要用天下人的耳朵去听声音。

③树明：君王要用天下人的心灵去洞察问题。

④洞：洞察。

⑤变更：这里是弃恶从善、更改前非的意思。

译文

做君王的首先要长目，即用天下人的眼睛去看东西；其次要飞耳，即用天下人的耳朵去听声音；再次要树明，即用天下人的心灵去洞察问题。千里之外的地方，隐藏、细微之中，就叫做"洞"。天下的奸邪之徒，没有不暗中弃恶从善、更改前非的。这里所说的就是君王应耳聪、目明、心灵的道理。

原文

循①名而为，实安而完；名实相生②，反相为情③。故曰：名当则生于实，实生于理，理生于名实之德④，德生于和⑤，和生于当。有主名。

注 释

①循：顺，依照。

②相生：互为依托而生存。

③反相为情：反过来又合乎情理。

④名实之德：名实相符的道德。

⑤和：协和。

译 文

君王根据名分去采取实际行动，就会安全而完好。名与实互为依托而生存，反过来又合乎情理。所以说名分恰当是从实践中产生出来的，而实践则是由事理产生，事理又产生于名实相符的道德之中，道德产生于协和，协和产生于适当。以上所说的就是君王应循名求实的道理。

解 读

"符"，即符契、符节。我国早在汉代就把有节的竹片加以中分，由两人各持一片；日后只要能把这两片竹完全合在一起，连竹节都能像原来那样吻合，就证明是他本人或其代理人。这里的"符言"，即如符之言，指本篇所言如同符节，文中所阐述的君主治国平天下的修养或为人的原则应与此相合，就像符节一样完全吻合。

本篇共分为九小节，分别论述了统治者以及身居要位的人应该具有的修养和做人的准则，即主位、主明、主听、主赏、主问、主因、主周、主参、主名。

所谓的"主位"，阐述的是统治者以及身居要位的人如何忠于职守、安于本位的问题。鬼谷子认为，其要点是"安、徐、正、静"，即以安详、从容、公正、平和之态面对天下纷争。这一"地位"决定了执政者必须眼观天下。

所谓的"主明"，阐述的是统治者以及身居要位的人如何明察秋毫，把握纷纭变化的现状的问题。"明"包括三个方面，即目明、耳聪、心智。决策者在观察外物时，必须做到用天下人之目视、用天下人之耳听、用天下人之心思考，这样才能消除闭塞视听的一切障碍，了解实情，把握时变之关键。

所谓的"主听"，阐述的是统治者以及身居要位的人如何听取人言的问题。善于纳谏、听取忠言是作为一个决策者达到"主明"的重要途径，做到了这一点就能广泛地收取外界信息，使决策者在判断外界事物时避免失误，从而顺利施行切合实际的正确策令。

所谓的"主赏"，阐述的是统治者以及身居要位的人如何使用赏罚的问题。鬼谷子认为其要点是"用赏贵信，用罚贵正"。赏与罚是应十分重视的事情，因为信赏必罚有教化天下的作用：奖赏是执政者所要推行和鼓吹的事；而惩罚则是执政者戒令下属乃至天下人不能做的事。所以，决策者在控制全局、实施策令时，要做到正确实施奖赏、惩罚的原则，这不仅是团结大众、凝聚人心的重要手段，也是扶正去邪的重要途径。

所谓的"主问"，阐述的是统治者以及身居要位的人如何不耻下问、博学多闻的问题。决策者在研究赏罚、作出决策时，一定要探究天时、地利、人和的各种关系，全方位地研究事物的各个方面，以发现事物的规律。

所谓的"主因"，阐述的是统治者以及身居要位的人如何探索赏罚所应遵循理数的问题。所谓"为善者，君与之赏，为非者，君与之罚"，而"善"与"非"的客观标准则是决策者"因其政之所以求"。由此可知赏罚的准则就在于决策者的需要。如果人们的所作所为能符合执政的需要，能被决策人"用之"自然受赏。这就要求统治者行事时，必须做到周密考虑，周全行事，明察秋毫，公平公正，以防赏罚失误。

所谓的"主周"，阐述的是统治者以及身居要位的人如何行事周密、善于开合的问题。决策者要广泛了解外界事物，以求周严，要通达人情，使下属畅所欲言；要周知人情事理，以明分善恶。

所谓的"主参"，阐述的是统治者以及身居要位的人如何参用众言、明察秋毫的问题。决策者要周知外物的情况，达到周严的效果，需要有丰富的参照物。这就要求决策者要综合运用"长目""飞耳""树明"，即要以"目"观察、以"耳"广收信息、用"天下"之心思虑万物，这样才能参透万物之隐，防患于未然。

　　所谓的"主名"，阐述的是统治者以及身居要位的人如何把握名实的问题。决策者要根据名实相生的道理，把握物之运动的法则，而后按照一定的名分区分事物，使事物的名与实相符。

　　本篇所论的是为君治政，为人处世的准则。

　　鬼谷子在《符言》篇结语中道："名当则生于实，实生于理，理生于名实之德，德生于和，和生于当。"由此可知，"当"，即合度，真实、协调是"符言"之本。

本经阴符七术

盛　神

原　文

盛神①法②五龙③。盛神中有五气④，神为之长，心为之舍，德为之人⑤。养神之所⑥，归诸⑦道。道者，天地之始，一其纪⑧也，物之所造，天之所生，包宏无形化气⑨，先天地而成，莫见其形，莫知其名，谓之神灵。故道者，神明之源，一其化端，是以德养五气，心能得一⑩，乃有其术。术者，心气之道所由舍者，神乃为之使。九窍、十二舍⑪者，气之门户，心之总摄⑫也。生⑬受之天，谓之真人。真人者，与天为一。而知之者，内⑭修炼而知之，谓之圣人。圣人者，以类知之⑮。故人与生一⑯，出于化物⑰。知类在窍，有所疑惑，通于心术。术必有不通。其通也，五气得养，务在舍神⑱，此之谓化。化有五气者，志也，思也，神也，德也，神其一长也。静和者，养气，养气得其和。四者不衰，四边威势，无不为⑲，存而舍之，是谓神化归于身⑳，谓之真人。真人者，同天而合道㉑，执一㉒而养产万类，怀天心㉓，施德养㉔，无为以包志

114

虑、思意，而行威势者也。士者，通达之，神盛乃能养志。

注释

①盛神：使人们的意志和精神旺盛。

②法：效法。

③五龙：五行中的龙仙。我国古代有五行之说，认为金、木、水、火、土是构成万事万物的元素。

④五气：即神气、魂气、魄气、精气、志气；一说指心、肝、脾、肺、肾五脏之气。

⑤德为之人：德能扶正祛邪，是人之所以为人的根本。

⑥所：途径。

⑦诸：之于。

⑧纪：丝的头绪，引申为开端。

⑨包宏无形化气：包容着多种无形的化育万物之气。

⑩心能得一：人心能得其纯一。

⑪十二舍：指目、耳、鼻、舌、身、意、色、声、香、味、触、事。

⑫摄：统摄，统领。

⑬生：同"性"，本性。

⑭内：自身。

⑮以类知之：通过类推、举一反三，悟得道术。

⑯人与生一：人相与生在天地之间，最初的天性是一样的。

⑰出于化物：诞生之后随事物、环境不同而变化。

⑱舍神：使神气留驻身体之内。舍，这里作动词，安置住宿。

⑲无不为：无所不能为。

⑳神化归于身：得道存养本性于自身。

㉑同天而合道：与天同体，与道合一。

㉒执一：秉执纯一的道术。

㉓天心：天道自然之心。

㉔施德养：布施道德以滋养五气。

译 文

　　要使人们的意志和精神旺盛，就得效法五龙。旺盛的意志和精神之中包含着五气，即神气、魂气、魄气、精气、志气。其中，神气是居于首位的，心是五气活动的家园，而德能扶正祛邪，是人之所以为人的根本。培养神气的途径，在于道。所谓道，就是天地万物生成的初始，一是道的开端。事物的创造，天地的生成，都是从道中衍生出来的。其中包容着多种无形的化育万物之气。这种气是在天地生成之前就形成的，没法知道其形状，没法知道其名称，于是称做神灵。由此可见，所谓道，是神明的源泉，一是其变化的开端。因此，德能够滋养五气，人心能得其纯一，那么术——培养神明的方法——就会自然产生。所谓术，是心气运行的通道和所居住的地方，而神气则是心的使者。人体中的九窍和十二舍是五气出入的门户，而心则为之总管。人的本性由上天传授，就称为得道存养本性的真人。所谓真人，也就是与天地自然融为一体了。而那些得道之人，是通过自身的修炼而获知道术的，这就被称为圣人。所谓圣人，是通过类推、举一反三，悟得道术的。所以人生于天地之间，最初的天性是一样的，只是诞生之后随事物、环境不同而变化。人认识事物首先是通过九窍，如果还有疑惑，就需要心术来沟通。如果内心没有适当的方法，必然会有无法沟通的情况。九窍一旦与心术沟通，人体的五气得以滋养，并努力使神气留驻身体之内，这就称为化育。化育五气，是指志、思、神、德而言，而神气则是五气的主宰。所谓静和，关键在于养气，养气才能使身心安静和顺。志、思、神、德四种气不衰竭，那么四边都形成了威势，就无所不能为。保有并把五气存留身体之内，这就称为得道存养本性于自身，也就是真人。所谓真人，与天同体，与道合一，秉执纯一的道术以养育万物，怀有天道自然之心，布施道德以滋养五气，无为自然而包容志、虑、思、意，从而施行威盛之势。士人必须通达此道，保持意志和精神旺盛，才能够培养心志。

养 志

原文

养志①法灵龟。养志者，心气之思不达也。有所欲，志存而思之。志者，欲之使也。欲多则心散，心散则志衰，志衰则思不达也。故心气一则欲不徨②，欲不徨则志意不衰，志意不衰则思理达矣。理达则和通③，和通则乱气不烦于胸中。故内以养志，外以知人，养志则心通矣，知人则职分明矣。将欲用之于人，必先知其养气志。知人气盛衰，而养其气志，察其所安④，以知其所能。志不养则心气不固，心气不固则思虑不达，思虑不达则志意不实⑤，志意不实则应对不猛⑥，应对不猛则志失而心气虚，志失而心气虚则丧其神矣。神丧则仿佛⑦，仿佛则参会不一⑧。养志之始，务在安⑨己；己安则志意实坚；志意实坚，则威势不分。神明常固守，乃能分之⑩。

注　释

①养志：培养心志。

②徨：多。

③和通：和顺畅通。

④察其所安：考察他心理是否安详。

⑤实：坚实。

⑥应对不猛：应对事物不果敢气壮。

⑦仿佛：意志恍惚。

⑧参会不一：指志气、心气、神气三者交会就不纯一。"参"和"叁"古代通用。

⑨安：这里是使动用法，使……安静。

⑩分之：分散和动摇对方的威势。

培养心志要效法灵龟。培养心志，是由于心神之气不通达的缘故。凡人有所欲望，就会充满心志并不时去思想。心志，是会被欲望所役使的。欲望多，心意就散漫；心意散漫，志气就会衰弱；志气衰弱，思虑就不通达。所以心气专一，欲望就不多；欲望不多，意志就不会衰弱；意志不衰弱，思绪就会通达；思绪通达，就会和顺畅通；和顺畅通，杂乱之气就不会烦扰胸中。因此，对自身应培养心志，对外则应该了解他人。培养心志则心气畅通，了解他人则职分明确。如果要把培养心志之术运用到识人用人方面，就必须首先了解他培养心志的功夫，知道他人气的盛衰，然后培养其人气和心志，考察他心理是否安详，从而了解他的才能如何。不培养心志，心气就不能巩固；心气不巩固，思虑就不能通达；思虑不通达，意志就不坚实；意志不坚实，应对事物就不果敢气壮；应对不果敢气壮，就会丧失心志而使心气虚弱；丧失心志而又心气虚弱，那么神气也就随之丧失；神气丧失，就会意志恍惚；意志恍惚，志气、心气、神气三者交会就不纯一。培养心志的第一步，务在使自己安静；自己安静了，就会意志坚实；意志坚实，威势就不会分散。神明经常固守，才能分散和动摇对方的威势。

实 意

实意[1]法螣蛇[2]。实意者,气之虑也[3]。心欲安静,虑欲深远。心安静则神明荣[4],虑深远则计谋成;神明荣则志不可乱,计谋成则功不可间[5]。意虑定则心遂[6]安,心遂安则其所行不错,神自得矣,得则凝[7]。识气寄[8],奸邪得而倚[9]之,诈谋得而惑之,言无由心矣。故信心术[10],守真一[11]而不化,待人意虑之交会,听之候之也。计谋者,存亡之枢机[12]。虑不会,则听不审矣,候之不得。计谋失矣,则意无所信,虚而无实。故计谋之虑,务在实意,实意必从心术始。无为而求安静五脏[13],和通六腑[14],精神魂魄固守不动,乃能内视[15]、反听[16]、定志,思之太虚[17],待神往来。以观天地开闭,知万物所造化,见阴阳之终始,原[18]人事之政理[19],不出户而知天下,不窥牖[20]而见天道[21],不见而命[22],不行而至,是谓道。知以通神明,应于无方[23]而神宿[24]矣。

①实意:坚定充实意志。

②螣蛇:古代传说中的一种神蛇,能腾云驾雾,在云中飞舞。

③实意者,气之虑也:所谓坚定充实意志,就是要使心气平

和，思虑详明。

④神明荣：精神充满生机。神，精神，神志。明，聪明。荣，
繁茂，旺盛。

⑤间：间隔，隔断，这里引申为抹杀的意思。

⑥遂：顺。

⑦得则凝：神气自得，事业才会随之成功。

⑧识气寄：心气有所依附而不集中。识气，智识，心气。寄，
陶注："寄，谓客寄，言气非真，但客寄耳。"

⑨倚：靠，这里引申为乘虚而入。

⑩信心术：使心术诚明。

⑪守真一：保持纯真专一。

⑫枢机：关键。

⑬五脏：指心、肝、脾、肺、肾。

⑭六腑：中医称胃、胆、三焦、膀胱、大肠、小肠为六腑。

⑮内视：内自省察。

⑯反听：外听他人意见。

⑰思之太虚：思绪进入虚幻境界。

⑱原：推究。

⑲政理：指治国安邦的道理。

⑳牖：窗户。

㉑天道：自然变化。

㉒命：为事物命名，即辨别事物。

㉓应于无方：应对各方面。无方，没有极限。

实意

㉔神宿：使心神之气永驻。

坚定充实意志，要效法螣蛇。所谓坚定充实意志，就是说使心气平和，思虑详明。心气要安静稳重，思虑要深沉久远。心气安静，精神才充满生机；思虑深远，计谋才能成功。精神充满生机，心志才不会紊乱；计谋成功，功绩才难以抹杀。意志思虑安定，心绪才会随之而安；心绪安定，所行之事也就不会出错，神气自得，事业才会随之成功。心气有所依附而不集中时，奸邪就会乘虚而入，诈谋也就会迷惑人心，言语也就不会发自内心。所以要保持心术诚明、纯真专一而没有变化，待人接物诚心诚意，上下交流，倾听建言，获知详情，筹划计谋。计谋的优劣，是存亡的关键。思虑不进行交流，所听到的情况就不详明，等待也不能得知。计谋一旦失误，意志无所依托和信赖，就会成为虚而不实的东西。所以计谋的思虑筹划，务必充实，思虑充实又必须从心术纯真专一开始。自然无为要求安静五脏，和通六腑，精神魂魄固守不动，才能内自省察、外听他人意见，安定心志。思绪进入虚幻境界，就要等待神明往来。达到这种境界，就可以此观察天地开辟的神奇，了解万事万物的创造化育，发现阴阳变化的兴衰，推究人世间治国安邦的道理，足不出户而通晓天下事，目不出窗而了解自然变化，目不亲见就可以为事物命名，足虽不行就可以达到目的，这就叫做"道"。通晓"道"，就能通于神明，应对各个方面，使心神之气永驻。

分 威

分威①法伏熊②。分威者，
神之覆也③。故静固志意④，神
归其舍⑤，则威覆盛矣。威覆盛，
则内实坚；内实坚，则莫当⑥；
莫当，则能以分人之威，而动其
势，如其天⑦。以实取虚，以有
取无，若以镒⑧称铢。故动者必
随，唱⑨者必和⑩。挠⑪其一指，
观其余次⑫，动变见形⑬，无能

间⑭者。审于唱和，以间见间⑮，动变明而威可分。将欲动变，必先
养志，伏意⑯以视间。知其故实者，自养也。让己者⑰，养人⑱也。
故神存兵亡⑲，乃为之形势⑳。

①分威：分布威势、蓄积待发。

②伏熊：熊在搏击时先趴下然后突然出击，故名。

③分威者，神之覆也：所谓分布威势，就是要使神气覆盖，也

123

即涵养和充沛精神。

④静固志意：使自己思虑镇静、志向坚固。静和固在这里都是使动用法。

⑤神归其舍：使神气凝聚于心中。舍，这里指人的躯体。

⑥莫当：势不可挡，无往而不胜。当，抵挡。

⑦如其天：如天之覆盖四野。

⑧镒：古代重量单位，一镒等于二十四两，一两等于二十四铢。

⑨唱：同"倡"，倡导。

⑩和：应和，附和。

⑪挠：弯曲。

⑫余次：剩下的，其他的。

⑬动变见形：所有的运动和变化都能够体现出来。形，表现，表露。

⑭间：离间。

⑮以间见间：以离间的方法发现其可乘之机。前一个"间"意思是离间；后一个"间"意思是可乘之机。

⑯伏意：隐藏自己的意图。

⑰让己者：自知谦虚礼让的人。让，谦让。

⑱养人：这里指可以养他人之气。

⑲兵亡：这里指对抗消失。

⑳为之形势：形成自己的威势。

译文

分布威势、蓄积待发要效法伏熊。所谓分布威势，就是要使神气覆盖，也即涵养和充沛精神。所以要使自己思虑镇静、志向坚固，从而使神气凝聚于心中，那么其威势就更为强盛。威势强盛，那么内在意志就更坚实；内在意志坚实，就势不可当，无往而不胜；势不可当，就能使威势分布；而发动其威势，就会如天之覆盖四野。这样以实取虚，以有取无，就好比用锱来称量铢一样。所以威势所及，有所行动，就必然有人依随；有所倡导，登高一呼，就必然有人附和。弯曲一指，稍有动作，以观察其他，那么所有的运动和变化都能够体现出来，无可离间。审慎地分析彼此唱和的情况，以离间的方法发现其可乘之机，这样运动变化就能明了，威势就可分布和壮大。如果有所行动和变化，必须首先培养心志、隐藏自己的意图，以观察对方的漏洞，寻找行动的时机。自知巩固充实意志的人，就能够自我养气修炼；自知谦虚礼让的人，就可以养他人之气。所以对抗就会逐渐消失，于是就可以形成自己的威势。

散　势

原文

散势①法鸷鸟②。散势者，神之使也③。用之，必循④间⑤而动。威肃、内盛，推间⑥而行之，则势散⑦。夫散势者，心虚志溢⑧。意

少年读鬼谷子

衰威失，精神不专，其言外⑨而多变。故观其志意为度数⑩，乃以揣说图⑪事，尽圆方⑫，齐长短⑬。无间则不散势，散势者，待间而动，动而势分矣。故善思间者⑭，必内精五气，外视虚实，动而不失分散之实⑮。动则随其志意，知其计谋。势者，利害之决，权变之威。势败者，不以神肃察⑯也。

注　释

①散势：散发自己的威势。

②鸷鸟：凶猛的鸟。

③散势者，神之使也：向外散发威势，是由精神驱使的。

④循：顺，遵循。

⑤间：间隙，引申为时机，可乘之机。

⑥推间：寻找有利的时机。

⑦势散：威势向外分散发挥。

⑧溢：满，这里是饱满的意思。

⑨言外：言辞外露。

⑩度数：揣度的标准。

⑪图：谋划。

⑫尽圆方：尽圆方自然之理。

⑬齐长短：使长短各有其用。

⑭思间者：善于研究间隙、时机的人。

⑮分散之实：散发威势的实效。

⑯以神肃察：以神明和严肃的态度去观察。

译　文

　　散发自己的威势，要效法凶猛的鸷鸟。向外散发威势，是由精神驱使的。运用散发威势的方法，必须寻找到有利的可乘之间隙与时机，然后采取行动。威势整肃，内气旺盛，寻找有利的间隙、时机而采取行动，那么威势就可以向外分散发挥。向外散发威势的人，内心谦虚，意志饱满。意志衰微、精力不专一，其言辞就易于外露而且多变化。所以观察其意志作为揣度的标准，就可以据此揣摩和游说，进而图谋行事，尽圆方自然之理，使长短各有其用。如果没有间隙、时机可乘，就不可散发威势。向外散发威势，一定要等待间隙、时机而采取行动，这样的行动就能使威势发挥。所以善于研究间隙、时机的人，一定要自身精通蓄积五气，对外探察虚实、采取行动而不失散发威势的实效。采取行动就要根据其志意所向，了解其计谋。威势，决定利害关系，也是权变的威力所在。威势衰败，是不以神明和严肃的态度去观察的缘故。

转　圆

原　文

　　转圆①法猛兽。转圆者，无穷之计也。无穷者，必有圣人之心，以原②不测之智，以不测之智而通心术。而神道③混沌为一④，以变论

万类⑤，说义⑥无穷。智略计谋，各有形容⑦，或圆或方，或阴或阳，或吉或凶，事类不同。故圣人怀此之用，转圆而求其合⑧。故兴造化者，为始，动作无不包大道⑨，以观神明之域⑩。天地无极，人事无穷，各以成其类。见其计谋，必知其吉凶、成败之所终也。转圆者，或转而吉，或转而凶。圣人以道⑪先知存亡，乃知转圆而从方。圆者，所以合语⑫；方者，所以错事⑬；转化者，所以观计谋；接物者，所以观进退之意。皆见其会，乃为要结，以接其说也⑭。

注 释

①转圆：使智慧如转动的圆一样无穷无尽。

②原：推究，这里引申为探测。

③神道：神奇的自然之道。

④混沌为一：浑然成为一体。混沌，原指宇宙形成前模糊一团的景象，这里引申为浑然一体的意思。

⑤变论万类：即论万物之变，意思是论析万事万物的变化。

⑥说义：阐发义理。

⑦形容：形象和状态。

⑧转圆而求其合：像转动圆体那样以求得合乎事理。

⑨包大道：合乎自然之道。包，包容。

⑩域：境域。

⑪以道：指根据自然之道。

⑫圆者，所以合语：转圆是为了使言语变化合乎需要。

⑬方者，所以错事：转方是为了使行动安稳以便处置事体。错，同"厝"，安置，安放。

⑭皆见其会，乃为要结，以接其说也：陶注："谓上四者，必见会之变，然后总其纲要而结之，则情伪之说可接引而尽矣。"意思是以上这些行为，都只有了解其交会融通，才可以得其要领，以沟通和接续其学说。

译 文

要使智慧如转动的圆一样无穷无尽，就要效法猛兽威力无穷。所谓转圆，就是计谋像圆体旋转那样无穷无尽。计谋无穷，一定要有圣人的博大胸怀，去探测深不可测的智慧，再以不可测度的智慧去沟通心术。神奇的自然之道浑然一体，可以用来论析万事万物的变化，阐发无穷无尽的义理。智慧、谋略、计策，各有其形象和状态，或圆或方，或阴或阳，或吉或凶，事物差别各不相同。所以圣人怀有这种计谋，像转动圆体那样以求得合乎事理。所以圣人兴起创造教化之始，其行动、作为无不合乎自然之道，

借以观察神明的境域。天地没有终极，人事没有穷尽，各自归于
不同的类别。观察其计谋，就一定能知道其吉凶成败的结果。转
圆的方法，有的转而成吉，有的转而成凶。圣人可以根据自然之
道预先推知存亡之理，所以能够转圆而成方，转凶而成吉。转圆，
是为了使言语变化合乎需要；转方，是为了使行动安稳以便处置
事体。转化，是为了观察计谋的得失；接物，是为了观察事物的
进退是非。以上这些行为，都只有了解其交会融通，才可以得其
要领，以沟通和接续其学说。

损　兑

原文

　　损兑[①]法灵蓍[②]。损兑者，几危之决[③]也。事有适然[④]，物有成
败。几危之动，不可不察。故圣人以无为待有德，言察辞合于事[⑤]。
兑者，知之也。损者，行之也。损之说之，物有不可者，圣人不
为辞也。故智者不以言失人之言[⑥]，故辞不烦[⑦]，而心不虚[⑧]；志不
乱，而意不邪。当其难易，而后为之谋，因[⑨]自然之道以为实。圆
者[⑩]不行[⑪]，方者[⑫]不止[⑬]，是谓大功。益之损之，皆为之辞。用分
威散势之权[⑭]，以见其兑[⑮]威其机危[⑯]，乃为之决。故善损兑者，譬
若决水于千仞[⑰]之堤，转圆石于万仞之谷。

注释

①损兑：损益。

②灵蓍：用来预测吉凶的蓍草。

③几危之决：用来判断和决定事物的细微征兆和是否危险的根据。几，隐微，特指事情的迹兆。

④适然：偶然。

⑤言察辞合于事：考察其言辞，以及是否与事体相合。

⑥不以言失人之言：不以自己擅长言谈就抛弃他人的言论。

⑦烦：烦琐。

⑧虚：虚伪。

⑨因：根据。

⑩圆者：周全的计谋。

⑪不行：令其不能实行。

⑫方者：难以成功的计谋。

⑬不止：令其不能停止。

⑭权：权变。

⑮见其兑：观察和抓住有利时机。

⑯威其机危：威势发挥于对方的危机之时。

⑰仞：古代长度单位。古时八尺或七尺为一仞。

译文

要想知道损益得失，就要效法用来预测吉凶的蓍草。所谓损兑，即损益，是用来判断和决定事物的细微征兆和是否危险的根据。凡事都有偶然，凡物都有成败，预示事物发展和成败的细微

131

征兆，不可不明察。所以圣人以自然无为对待有德之士，考察其言辞，以及是否与事体相合。兑，就是考察了解事物；损，就是排除其他观念，从而能够实行。排除之后再行说服，事物仍有不可行，圣人就不再多加辩说。所以有智慧的人从不以自己擅长言谈就抛弃他人的言论，因而言辞得当而不烦琐，内心充实而不虚伪，心志坚定而不迷乱，思虑纯正而无邪念。当事物发展到难易成败的关键时刻，为之设定计谋，以事物发展的自然规律作为基础。对方用圆的也即周全的计谋，令其不能实行；对方用方的也即难以成功的计谋，令其不能停止，这就称为大功。计谋的增减损益及其得失，都要通过言辞来论说。运用分威、散势的权变方法，以观察和抓住有利时机，威势发挥于对方的危机之时，从而决定事物的成败。所以善于运用损益方法的人，就好比在千仞堤防上掘开洪水，又好像在万仞深谷推转圆石，其威势锐不可当。

解读

"本"即本源、根本，指人的内心、内在修养；"经"即经典，指规范标准，"本经"的意思是内在修养的规范。"阴"是指人的内在修养、素质，"符"也就是前文"符言"中的"符"，"阴符"即指内在修养的标准，即内在的修养与本文所论就像符节一样暗合。"七术"，即盛神、养志、实意、分威、散势、转圆、损兑。

本经章分七段，分别论述了盛神、养志、实意、分威、散势、转圆、损兑的七种修炼方法，这是使用纵横之术的内在基础。盛神、养志、实意三篇偏重于内在的修炼；分威、散势、转圆、损兑四篇则偏重于精神的外用，相辅相成。

本文的第一段论述了如何"盛神"。鬼谷子认为，想要精神旺盛，就要效法五行之龙，因为五行之龙是神龙，变化莫测，正如文中所言："盛神法五龙。"由此引出"神为之长，心为之舍，德为之人"。意思是说，精神是五

气的统领，心灵是五气的居处，道德是五气的根本。人应该注重精神的修养，因为精神是五气之首，有了充沛的精神有助于我们保持最佳的状态，在做事的时候，才能通过大脑的思维；而只有理解了事物的根本规律，才能进一步掌握应对万事万物的方法和技巧。同时，良好的精神修养，还有助于通过察人神色推知预测其未来或推测事情的发展方向。若想养神，关键在于道，所谓的"道"是天地的开始，是万物的创造者，是神明之源。接下来，又论述了真人、圣人与士的区别。所谓的"真人"就是与天地自然合为一体，与道合一，按万物生于一的自然规律养护万物，怀有天道自然之心，善施恩德滋养万物，顺应自然无为的法则，包容意志和思想，发挥自己优势的人；所谓的"圣人"就是通过类推的方法解决疑难，并且通过自我内心的刻苦修炼而领悟的人；所谓的"士"，只不过能

做到通达事物之理而已。在本段的最后说"神盛乃能养志"，引起下文。

本文的第二段论述了如何"养志"。鬼谷子认为，想要明确自己的志向，坚持自己的目标，就要效法长寿通灵的神龟，而养志的目的就是要使自己安定，意志坚定精力集中。人们之所以培养意志，原因在于心气不畅达。一个人心中有了欲望，思想就会想着去满足这些欲望。但欲望过多，心神就会分散；心神分散了，意志就会薄弱；意志衰退了，思想就会不畅达。所以，养志要做到"去欲""安己"，更要克服各种杂欲和俗念。只有清心寡欲才能明察他人的意志状态，了解他们的修养、欲望、能力等基本情况，这样才能做到知己知彼，威慑别人。

本文的第三段论述"实意"。鬼谷子认为，人们若想自己的思虑充实，就要效仿能屈能伸的螣蛇，因为螣蛇能兴云起雾，出神入化。文章从思虑的标准展开论述其重要作用。心神平静，精神才会旺盛；思虑深远，计谋才会成功。精神旺盛，意念就不会紊乱；计谋成功，功劳就不会被抹杀。意志思虑稳定，心绪就会安定，行为就不会错乱，精神才能够凝定。所以，实意就要做到心欲安静，无为以求。本着清静无为的态度，力求使五脏安静，六腑通畅；精神魂魄固守纯真，能够自我反省，用心体察外界消息，使意志安定下来，让思想进入到空虚的境地，等待神明的到来。以此观察天地的变化，领悟万物造化的规律，看到阴阳转变的交替，推究人世间定国安邦的政理。这样，不出门就可以知晓天下大事，不窥窗就可以看见天道运行的规律，不必亲眼所见就可以发布命令，不必推行就能够达到目的，这就是所谓的"道"。只要懂得了道，就可以与神明相通，应对方方面面而心神不散，进而更加准确地分析趋势，作出各种估计，将有利因素和不利因素考虑周全，并分别制定出相应对策，这样才能时时保持主动，赢得先机之利，立于不败之地。

本文的第四段论述"分威"，就是把自己的实力、神威隐藏起来，用实来取虚，以有来取无。鬼谷子认为，若想使强大的精神威力分散开来，并达到一鸣惊人的效果，就要效法伏地出击的熊。分威之术的本质在于强调并达到不鸣则已、一鸣惊人的效果。要想达到这个效果，就必须预先积蓄优势，善于运用优势，同时要让自己的意志安静而坚固，使精神凝聚在心，这样威势就能压倒对方。把对方的威势压倒了，自己的意志就会更坚定；意志坚定，就能所向无敌；所向无敌，就能分散对方的威力，动摇对方的气势。此时，用自己的坚实去攻取对方的虚弱，定能克敌制胜。所谓实，即军队的勇、强等强点；所谓虚，即怯、弱、乱、饥、疲、寡等弱点。在特定的形势下，可以用伪装的办法将己方的真正动机隐藏起来，以伺机暗察对方的漏洞，同时尽力培养和充实自己的内在精神，这样才有威力扩散、摧垮对方的强大的精神力量，这足以胜过千军万马。

本文的第五段论述"散势"，即找到对方的弱点和破绽，再发挥各部分的威力一举击败对方的方法。鬼谷子认为，若想散发威势慑服对方，就要效法凶猛敏捷的鸷鸟。分散对方势力也是精神力量驱使的结果。成功施行散势之术的关键在于时机未来之前深隐不发，整肃自己的势力、强盛内部的力量，做好充分的准备，为重要一击积蓄力量，待最佳时机到来之时，果断采取行动，就会使对方的势力分散。成功使对方势力分散的秘诀是，沉着稳重，心胸谦虚，意志充盈。要以观察对方的意志作为标准，加以揣摩，采用相应的说辞，图谋行事，各种方法相互配合使用。如果没有间隙可乘，就不要轻举妄动。行动时，要在内修炼自己的五气，对外观察对方的虚实，要顺应对方的意图和心志，并确知对方的计谋，这样才能达到分散对方势力的目的。因为只有知己知彼，才能百战不殆。

本文的第六段论述"转圆"。鬼谷子认为，人们若想像转动圆环那样灵活机智，就要效仿威力无穷的猛兽。所谓的"转圆"是指计谋无穷，也指为人处世的机智多变。智者善于自我调整，善于随物而转，随变而处，以无穷的智慧应对万物，力求找到最为圆满的解决之道。古往今来，凡是能构想出无穷计谋，善于连环使用计谋的人，必定有圣人的心胸，并去推究深不可测的智慧的本源，再用深不可测的智慧去沟通心术。计谋有不同的形态，或有圆谋、或有方略、或有阴谋、或有阳谋、或有吉策、或有凶智，因为事物类别各不相同。圆可以变化无穷，使言辞合乎情理；方可以稳定不动，便于处理事件。所以，圣人将各种谋略加以运用，就像转动圆环一样，以求切合实际。圣人观察计谋，一定知道结果是吉是凶，最终是成功还是失败。圣人能够通过掌握规律而先知存亡之理，也就知晓了转圆为方的道理。他们往往通过无穷无尽的智慧考察计谋的正误，以决定进退取舍，引导事物朝有利的方向发展。

　　本文的第七段论述"损兑"。鬼谷子认为，人们若想明白损益的道理，就要效法灵验的蓍草。所谓的"损兑"，就是判断事物微小征兆和处理危机的方法。损兑之术的关键在于要审时度势，观察入微，因时制宜，顺势而为，并要善于观察客观事物的规律。在这里，鬼谷子指出了观察分析问题的原则。兑，就是为了进一步加深了解；损，就是排除不利而行动。事情有偶然，做事有成败、危险征兆的出现，不可不加以明察。圣人懂得见微知著、以小见大的道理，他们常以无为的法则来对待认定的事情，观察言辞是否合乎事理，从而迅速而果断地进行决策。如果损减之后，事情仍不能顺利进行，圣人也不会加以辩说。所以，善于掌握损益变化的人，就像掘开千丈堤坝的洪水，又像"转圆石于万仞之谷"，这正是他们的可贵之处。

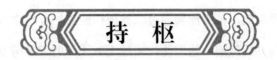

持 枢

持枢[1]，谓春生、夏长、秋收、冬藏，天之正[2]也，不可干[3]而逆[4]之。逆之者，虽成必败。故人君亦有天枢[5]，生养成藏[6]，亦复不可干而逆之。逆之者，虽盛必衰。此天道，人君之大纲[7]也。

注 释

①持枢：掌握事物发展变化的关键。

②天之正：四时运行的自然法则。

③干：干预，干犯。

④逆：违背。

⑤天枢：指天下治乱变化的关键。

⑥生养成藏：人民的生长、养育，事业的成功与收获。

⑦纲：本意是提网的总绳，引申为纲领。

译 文

持枢，也就是掌握事物发展变化的关键，说的是春天播种、夏天生长、秋天收获、冬天贮藏，四时运行的自然法则，不可干预和违背。违背了这种规律，即使居于成功之位，最终也必然遭致失败。

所以做君王的人也掌握着天下治乱变化的关键，人民的生长、养育，事业的成功与收获，也同样不可干预和违背。违背了这些自然的规律，即使处在盛世，也必然会走向衰亡。这是自然规律，也是做君王的人所应该遵循的根本纲领。

解读

本篇虽然只残存此节，但可以从中窥见大意。鬼谷子在本篇中主要论述君主治国要效仿天地运行的规律，不可倒行逆施，否则"虽成必败""虽盛必衰"。

本文的中心论题是天道与人道相统一，因此题为"持枢"。

所谓的"持枢"，就是掌握行动的关键，控制事物的规律。决策的关键就是掌握行动的枢纽、关键，控制事物的规律。决策时要对形势、时局、环境等进行科学的分析，只有这样，才能避免失

败。本文以天时运行形成四季的规律，即春生、夏长、秋收、冬藏来说明君主统治天下也有相应的规律可循，就像万物生长成熟收割一样，国君要使老百姓休养生息，保证生产顺利发展，这样才能实现国泰民安。天的规律不可违背，治国的规律同样不能悖逆，但凡违反客观规律的，即使成功一时，也终究会失败。这种以"天道"比拟"君道"的观点与"天人合一"的思想是相符的，对维护百姓利益有一定的积极意义。

中 经

中经，谓振穷趋急[1]，施之能言厚德之人。救拘执[2]，穷者不忘恩也。能言者，俦善博惠[3]；施德者，依道；而救拘执者，养使小人[4]。盖士，当世异时，或当因免阗坑[5]，或当伐害能言[6]，或当破德为雄[7]，或当抑拘成罪，或当戚戚自善[8]，或当败败自立[9]。故道贵制

人，不贵制于人也；制人者握权，制于人者失命。是以见形为容，象体为貌，闻声和音，解仇斗郄[10]，缀去，却语，摄心，守义。本经纪事者纪道数[11]，其变要[12]在《持枢》《中经》。

注释

①振穷趋急：拯救陷入窘境的人、保护处于危机之时的人。振，救济，这里是拯救的意思。趋，快步走，这里引申为保护的意思。

②拘执：这里指身陷囹圄的人。

③俦善博惠：与人为善而博施恩惠。俦，同类。

④救拘执者，养使小人：陶注："言小人在拘执，而能救养之，则小人可得而使也。"意思是解救人于囹圄之中，即使是小人，救而养之，亦可供驱使。

⑤因免阗坑：在乱世中幸免于转死沟壑。

⑥伐害能言：能言善辩却遭谗害。

⑦破德为雄：抛弃文德拥兵自雄。

⑧戚戚自善：忧郁孤独而自善其身。

⑨败败自立：在天下危败之中仍能自立于世。

⑩郄：敌人内部的裂隙。

⑪道数：这里指原理。

⑫变要：临机权变的要领。

译文

所谓中经，就是指拯救陷入窘境的人、保护处于危机之时的人的方法，而这必然是那些能言善辩、品德厚道的人所实施的。解救身陷囹圄的人，被救的这些处于窘境的人就不会忘记恩德。能言善辩之人，与人为善而博施恩惠；施行德义之人，所作所为必合乎自然之道；解救人于囹圄之中，即使是小人，救而养之，亦可供驱使。大凡士大夫遭逢世事变化、时局危难，有的在乱世中幸免于转死沟壑，有的能言善辩却遭谗害，有的抛弃文德拥兵自雄，有的身陷囹圄被罗织罪名，有的忧郁孤独而自善其身，有的在天下危败之中仍能自立于世。所以立身处世之道贵在控制他人，而不被别人所控制；控制他人就掌握了主动权，而被他人所控制就不能把握自己的命运。因此，这里介绍一些为人处世的技巧，也就是"见形为容，象体为貌""闻声和音""解仇斗郄""缀去""却语""摄心""守义"等七种具体的方法。《本经阴符七术》所记载的只是一些道数即原理，而临机权变的要领则在《持枢》《中经》之中。

原　文

见形为容，象体为貌者，谓爻为之生[1]也，可以影响[2]、形容[3]、象貌[4]而得之也。有守[5]之人，目不视非，耳不听邪，言必《诗》《书》[6]，行不僻淫[7]，以道为形，以德为容，貌庄色温，不可象貌而得[8]也。如是隐情塞郄[9]而去之。

注　释

①爻为之生：见到爻象就能推知吉凶。爻，组成卦的符号，分阴爻和阳爻。

②影响：指人的声音影像。

③形容：指人的外部形象。

④象貌：指人的容貌举止。

⑤守：操守。

⑥《诗》：即《诗经》。《书》：即《尚书》。

⑦僻淫：邪僻淫乱。

⑧不可象貌而得：意思是不可能从相貌上看透其内心世界。

⑨隐情塞郤：隐瞒实情、堵塞漏洞。

译文

所谓"见形为容，象体为貌"，犹如人们见到爻象就能推知吉凶一样，可以从一个人的声音影像、外部形象、容貌举止去推知其内心世界、精神风貌。那些有操守的人，非礼的东西不看，奸邪的东西不听，说话必定引用《诗经》《尚书》中的章句，行为正直而毫无邪僻淫乱之处，以道为外形，以德为面容，体貌端庄，神色温和，不可能从相貌上看透其内心世界。在这种情况下，就要隐瞒实情、堵塞漏洞，离他而去。

原文

闻声和音，谓声气不同①，则恩爱不接②。故商、角不二合，徵、羽不相配③。能为四声主者，其唯宫乎④？故音不和则悲，是以声散伤丑害⑤者，言必逆于耳也。虽有美行盛誉，不可比目⑥，合翼⑦相须⑧也，此乃气不合、音不调者也。

注 释

①声气不同：彼此意气不
相投合。

②恩爱不接：彼此不恩爱
友善，在感情上不能相互沟通
和接纳。

③商、角不二合，徵、羽
不相配：陶注："商金，角木，
徵火，羽水，递相克食，性气
不同，故不相配合也。"这是
用五行相生相克的道理来附会五音。五音，或称五声，是古代五声
音阶上的五个级，分别是宫、商、角、徵、羽。

④能为四声主者，其唯宫乎：陶注："宫则土也，土主四季，
四者由之以生，故为五声主也。"意思是：能够作为上述四音之主
的，岂不是只有主土的宫音了吗？

⑤散伤丑害：四者皆为不和之音。

⑥比目：比目鱼，总是两条在水中并游。

⑦合翼：比翼鸟，传说中的鸟名，雌雄总在一起飞。

⑧相须：彼此互不可分。须，必需，必要。

译 文

所谓"闻声和音"，就是说彼此意气不相投合，就不会恩爱友善，在感情上不能相互沟通和接纳。所以在五音之中，商主金，角主木，二音相克而不相合；徵主火，羽主水，二音相克而不相配。能够作为上述四音之主的，岂不是只有主土的宫音了吗？所以音调不和谐，听起来就悲切，因此声音出现散、伤、丑、害的情况，言语必然逆耳而不中听。一个人即使有美好行为、盛大声誉，却不能像比目鱼、合翼鸟那样和谐亲密，互相辅助，也不能与人和谐相处，这就是意气不相投合、音韵不相协调的缘故。

原 文

解仇斗郄，谓解羸微之仇①。斗郄，斗强也。强郄既斗，称胜者，高其功，盛其势。弱者哀其负，伤其卑，污②其名，耻③其宗。故胜者，斗其功势④，苟⑤进而不知退。弱者闻哀其负⑥，见其伤则强大力倍，死而是⑦也。郄无极大，御无强大，则皆可胁而并⑧。

注 释

①羸微之仇：微小的仇隙。羸，瘦弱，这里是微小的意思。

②污：这里是使动用法，使……受到玷污。

③耻：使……蒙受耻辱。

④斗其功势：依恃其功高势盛而斗。

⑤苟：苟且，这里是只知道的意思。

⑥闻哀其负：为其哀伤失败所激励。

⑦死而是：一定会死战而胜。

⑧胁而并：以武力相威胁，进而予以吞并。

译　文

所谓"解仇斗郄"，就是说排解微小的仇隙。斗郄，就是攻斗强者的间隙。两强相斗之后，获胜的一方就会炫耀自己的武功，壮大自己的气势。弱小的一方则哀叹自己的失败，感伤自己的卑下，使自己的名声受到玷污，使自己的祖宗蒙受耻辱。所以胜利者依恃其功高势盛，只知一味冒进而不知必要的退却；弱小者反为其哀伤失败所激励，见到自己所受打击而力量大增，一定会死战而胜。敌人内部的裂隙未达极点，守御的力量也不够强大，那么就可以武力相威胁，进而予以吞并。

原　文

缀去者，谓缀己之系言①，使有余思也。故接贞信者，称其行，厉②其志，言可为可复，会之期喜③。以他人之庶④，引验以结往⑤，明疑疑而去之⑥。

注　释

①缀己之系言：对将要离去的人倾诉自己的挽留之意。

②厉：激励。

③会之期喜：高兴地约定再次相会的日期。

④庶：希冀，希望。

⑤引验以结往：结合以往的经验。

⑥明疑疑而去之：阐明疑虑，疑惑自然消除。

 译 文

所谓"缀去"，就是说对将要离去的人倾诉自己挽留之意，使其过后仍有余思。所以结交忠贞诚信的人，要称颂他的品行，激励他的志向，言语可以实行，可以回复，并高兴地约定再次相会的日期。这样以他人的希冀，结合以往的经验，阐明疑虑，疑惑自然消除。

原 文

却语者，察伺短①也。故言多必有数短之处，议其短验之②。动以忌讳，示以时禁；然后结信③以安其心，收语盖藏④而却之⑤，无见⑥己之所不能于多方之人。

注 释

①察伺短：探察他人言语中的短处。伺，侦候，探察。

②议其短验之：要记住这些短处，作为反驳的证据。

③结信：结之以信，以诚信的态度与之结交。

④收语盖藏：收回方才的言语，巧妙地掩饰隐藏起来。

⑤却之：却对方之意，即批评和劝告对方。

⑥见：同"现"，表现，显露。

译 文

所谓"却语"，就是说要善于探察他人言语中的短处。所以说言语过多就必定会有一些短处，要记住这些短处，作为反驳的证据。这样就可以用其所犯的忌讳触动他，并将当时的禁忌展示给对方，使对方因此而怀有恐惧之心；然后以诚信的态度与之结交，以安抚其恐惧之心，收回方才的言语，巧妙地掩饰隐藏起来，最后再诚恳地批评和劝告对方，不要轻易将自己的短处暴露于众人面前。

原 文

摄心者，谓逢好学伎术者，则为之称远①；方验之，警以奇怪②，人系其心于己③。效之于人，验去乱其前④，吾归诚于己。遭⑤淫⑥色酒者，为之术，音乐动之，以为必死，生日少之忧⑦，喜以自所不见之事，终可以观漫澜之命⑧，使有后会⑨。

注 释

①为之称远：多多称誉，使其声名远播。

②警以奇怪：惊叹其记忆神奇怪异以警动对方。

③系其心于己：使对方的心归向自己。系，拴，绑。

④验去乱其前：将其与先贤相比较进行验证。

⑤遭：遇到。

⑥淫：过分，无节制，这里引申为沉湎。

⑦以为必死，生日少之忧：陶注："以遇于酒色，必之死地，生日减少，以此可忧之事以感动之也。"意思是以沉湎酒色必置之死地、有生之日减少的忧患相感化。

⑧观漫澜之命：看到生命充满希望。漫澜，无限遥远的样子。

⑨会：相见。

译文

所谓"摄心"，就是说遇到好学上进而且有一技之长的人，就要多多称誉，使其声名远播；然后验证其技艺的优劣，再惊叹其记忆神奇怪异以警动对方，那么人心就必然归向于自己了。进一步通过时人的行为和效果进行验证，并将其与先贤相比较验证，这样人们就会从内心归诚于自己。遇到沉湎酒色的人，要用美妙的音乐来触动他，再从反面以沉湎酒色必置于死地、有生之日减少的忧患相感化，用他不曾闻见的事情促其高兴，最终使其可以看到生命充满希望，使得有再见之期。

原文

守义者，谓守以人义①，探心在内以合也。探心深得其主②也。从外制内，事有系由而随也。故小人比人③，则左道而用之，至能败家夺国。非贤智，不能守家以义，不能守国以道。圣人所贵道微妙者，诚以其可以转危为安，救亡使存也。

①人义：即仁义。

②深得其主：深入了解他的本性。

③小人比人：小人以其心来揣度君子之心。

译文

所谓"守义"，就是说坚守仁义，探求内心意愿以迎合对方。探求其内心情感，就要深入了解他的本性。从外部控制其内心活动，使其心意有所牵系，从而使之顺从于我。所以小人以其心来揣度君子之心，就运用旁门左道，以致于发展到家破国亡。不是贤明智慧之人，便不能以义守家，进而以道守国。圣人之所以重视微妙的道术，确实是因为这种方法可以转危为安，救亡图存。

解读

所谓的"中经"，是指运用内心的精神去处理外部的事物，这是纵横家用于游说辩论、处事、决策等常用的技巧和策略。

本篇的第一段主要论述了《中经》使用的对象和目的。在本篇中所论述的七种策略使用的对象是"能言者""施德者""救拘执"；使用的目的是"振穷趋急"，即用于解救那些走投无路和处于危难之中的人。对于"盖士"而言，在时代变迁中有多种选择："或当因免阗坑，或当伐害能言，或当破德为雄，或当抑拘成罪，或当戚戚自善，或当败败自立"。但不论最后的作出何种选择，都离不开为人处世的技巧，但最关键的是"道贵制人，不贵制于人也"，因为"制人者握权，制于人者失命"。接着，鬼谷子列举了七种为人处世的技巧和策略，即"见形为容，象体为貌""闻声和音""解仇斗郄""缀去""却语""摄心""守义"，这也是本经所述法则的变通规律。只有掌握鉴人、识人之术，才能做到因人而为，因事而定，才能达到制人而不受制于人的目的。

所谓的"见形为容，象体为貌"，是指通过对方的外部形象和举止，去推知其内心世界，就像爻辞从卦中产生一样，可以通过影子和回声、形象容貌来获得信心。这种技巧适用于浮夸之人，因为他们的内心世界很容易从外表举止观察清楚，所以我们可以通过他们的身形、声音、举动等各方面知晓其内心世界。但是，对于那些恪守道德之人，就不可"象貌而得"也，因为他们不看非礼的东西、不听邪恶的声音；他们的言谈都是以《诗经》《尚书》为依据，行为不乖僻淫乱，他们"以道为形，以德为容，貌庄色温"。对于这种人，我们最好隐瞒实情，并避开言辞中的漏洞，离他而去。

所谓的"闻声和音"，是指听到对方的声音，就能听懂对方话中的隐晦含义，知晓对方的意图，以求与对方意气相投。这是一种联络感情、建立友好关系的技巧。作者根据五音相合的原理，强调和音的重要。正如本文所言："声气不同，则恩爱不接。"

所谓的"解仇斗郄"，是指解除弱小者的仇怨，促使强大者相互争斗。根据强弱相生的原理，先坐山观虎斗，再坐收渔翁之利，此乃最高得利技巧。因为如果强者之间有矛盾，就一定会发生争斗。无论胜利的一方还是失败的一方，实力都会在争斗中有所削弱，我方可以乘机用强大的兵势威胁对方，进而吞并他们。

所谓的"缀去"，是指用言辞联络对方，以维系其心，让对方离开后，仍心存思念。对于那些忠贞而诚实的人，应该采取赞许、激励的方式，用积极向上的言辞与他交谈，谈论可以做、可以得到回报的事情，让他感到下次相见一定会很愉快，以表明自己离开的眷恋之情。这是一种古代辩士常用的方法。

所谓的"却语"，是说要在暗中观察他人的短处。由于"言多必有数短之处"，所以先要用对方的忌讳来触动他，用当时的禁令吓唬他，再真诚地安抚他，收回之前对他说过的话，藏起这些证据替他掩饰，以让对方感觉一切都是为他着想，对方就会因此感激你。这是一种先打后抚的制人之术。

所谓"摄心"，是指收揽对方的心，使对方诚心诚意地归附自己。对于那些好学技术的人，应该主动替他宣扬名声，让远近皆知，然后验证他的本领，对他稀奇的奇才异能表示惊叹，这样就会笼络住他的心了；再"效之于人，验去乱其前"，那么他就会心服口服地归顺于自己了。这里采用的是一种先扬后抑的方法。而对于那些沉溺于酒色的人，就要用音乐转移他们的爱好，并以"必死""生日少之忧"之类的言辞令他们害怕，尔后再加以鼓励，让他们高兴地看到见所未见的事物，最终认为自己可以健康长寿，使他产生后会有期的感觉，从而相信你、依赖你。这里采用的则是一种先抑后扬的方法。

　　所谓的"守义"，是指坚守仁义之道，并探求对方的内心活动，了解对方的真实意图，最终使人依附自己。本段还指出"小人比人，则左道而用之，至能败家辱国"，而贤智者"能守家以义"，且能"守国以道"。这里再次重申"道"的作用，即"可以转危为安，救亡使存"，以此作为全书的总结。